JN335277

生活コミュニケーション学を学ぶ

佐治晴夫 監修
川又俊則　久保さつき 編

佐治晴夫
勝間田明子
川又俊則
杉原　亨
渡辺久孝
佐治順子
石川拓次
久保さつき
梅原頼子
福永峰子
渋谷郁子
小島佳子
山野栄子
松本亜香里
武田潔子
櫻井秀樹
大野泰子
長澤　貴
出雲敏彦

あるむ

はじめに

　ウィーン大学前から40番市電にゆられること20分，ヴェーリンガー通り9番地に，19世紀オーストリアが生んだ世界最大級の天才的作曲家，フランツ・シューベルトが最初に埋葬された墓地があります。それは，終生，憧れてやまなかったにもかかわらず，一度も会うことのなかったベートーベンの隣によりそうように建てられたお墓ですが，今では，いずれも市営の中央墓地に移されていて，墓碑だけが，当時のまま残されています。その墓碑には，詩人グリルパルツァーが捧げたという銘が刻み込まれています。ここに主要部分を抜書きしてみます。

　　Die Tonkunst begrub hier einen reichen Besitz, aber noch viel schoenere Hoffnungen…（音楽は此処にひとつの豊かなる財宝を埋めた。なお美しき諸々に希望をも……）

　さて，私が，はじめて教壇に立ったのは1959年，そして，専任教員に限れば，中学校1校，高等学校1校，そして国公立を含む3つの大学，その最後が，鈴鹿短期大学で，そこの教授，学長職を辞したのが，昨年2013年でしたから，半世紀以上，「教える」ということに関わってきたことになります。もちろん，もともとは研究職でしたから，日々授業に明け暮れていたわけではありませんが，それでも専門課程の教科のほかに，理系，文系の垣根を越えた一般教養講座を含めれば，週の半分くらいは，講義を担当していました。とりわけ，鈴鹿短期大学に奉職していた9年間は，正規の講義のほか，学長特別講座などと銘打って，「リベラルアーツ」の視点から，自由なテーマでの講義ができたことは，まさに至福のひとときでした。

　そんな折，いつも頭の片隅で響き続けていた言葉が，さきほど，冒頭で紹介した墓碑の銘文でした。そこには，単にシューベルトの肉体的な死を悼

むというより，その死によって，これから生まれてくるであろう多くの美しい希望も埋葬されてしまった，ということへの痛切な悲しみがあふれています。そこで，教育とは何か，と問われれば，それは「希望を語る」こと以外のなにものでもないことを，この銘文を通して，私は学んでいたような気がします。

考えてみれば，私たちは視覚，聴覚，嗅覚，触覚，味覚という五つの感覚で外界と接しています。それらは，いずれも心のスクリーンに，脳によってつくりあげられる情景として映し出されたものであって，客観的実在ではありません。この宇宙の構造はどうなっているのか，神は存在するのかと，いったようなことから，私たちが日々目にしている日常の風景まで，すべて心が創りあげている風景です。私が生業としてきた理論物理学の立場からいえば，この宇宙の中に絶対的な実在はありません。あるのは，相互の関係性だけです。自分で自分の顔をみることはできず，自己という存在は，他者との関係性においてしかありえないという状況と同じです。とすれば，人生とは夢を紡ぎながら，みずからの物語を創る営みであるといってもいいのかもしれません。ただ，その夢は，単なる妄想や空想ではなく，自と他のバランスにおいて描き出される夢でなければなりませんが，その正しい夢への"道しるべ"を語ることこそが，「希望を語る」ということであり，そこに「教育」の原点を垣間見る気がしています。私たちは，生活のいろいろな場面で「がんばりなさい」という言葉を耳にします。その「がんばる」とはいったいどういう意味なのでしょうか。それは「希望をもつ」ということであり，「がんばりなさい」は「希望をもちましょう」ということなのではないかと，私は思っています。ユダヤ・ラビの口伝書「ミシュナー」に記されている有名な言葉，"たとえ，明日，世界が滅びると分かっていても，私は，今日，りんごの苗を植えるだろう"を思い起こします。

ところで，鈴鹿短期大学は，昭和41年（1966年）の創設以来，ひろく地域に貢献できる人材育成を目的として，発展してまいりました。その歩み

は，けっして順風満帆な時ばかりではなく，幾多の危機もありましたが，教職員はじめ，地域社会，そして広くは国内外の多くの方々などからの深いご理解，ご支援をいただきながら，2014年度で創立48年目を迎えようとしています。そして，人間が一生を全うするためには欠かせないことに関わる主要専攻分野，すなわち，食物栄養，養護福祉，保育などの3専攻を中心に据え，それらを横断的に結ぶリベラルアーツ教育，いいかえれば，"理性と情緒の調和"を合言葉に統括する総合的人間教育を目指してきました。その根底にあるのが，"人間は，他者のみならず自分をとりまくあらゆる環境，自然との相互依存なしでは，生きられない"という事実であり，そこに欠かせないのが「コミュニケーション」です。そのような背景から，2010年度に，各専攻分野の枠を超えて，真の全人教育をめざすシステムとして設立されたのが「鈴鹿短期大学・生活コミュニケーション学研究所」でした。本書は，その活動記録の一部をまとめたものです。本書をお読みくださるみなさんが，ここに収録された論文を通して，リベラルアーツとしての学問の面白さ，さらには，生きることの意味，そして生きていてよかったと思える未来への希望を感じていただけたとしたら，それに勝る幸せはありません。

鈴鹿短期大学生活コミュニケーション学研究所 所長
鈴鹿短期大学 名誉学長
佐治晴夫

目　次

はじめに …………………………………………………… 佐治晴夫　3

第Ⅰ部　教育とコミュニケーション

第1章　特別授業「コミュニケーションとは何だろう？」
　　　　──科学，芸術，宗教のはざまで──…………… 佐治晴夫　11

第2章　方法としての教育原理……………………………… 勝間田明子　27

　　❈保育者とコミュニケーション ………… 渋谷郁子・小島佳子・山野栄子　46

第3章　養護教諭の男女の共働
　　　　──こどもたちの支援充実のために──………… 川又俊則　49

第4章　地方短期大学のキャリア教育，及び進路支援に関する一考察
　　　　──鈴鹿短期大学の事例より──………… 杉原亨・渡辺久孝　67

　　❈こどもとコミュニケーション …………………… 松本亜香里・武田潔子　84

第Ⅱ部　生活コミュニケーション学の展開

第5章　音楽療法の介護予防効果
　　　　──施設利用者と健常高齢者への実践評価を通して──
　　　　……………………………………………………… 佐治順子　89

❖学校犬「すず」とコミュニケーション……………………櫻井秀樹　104

第6章　こどもの健康についての一考察
　　　――放課後児童クラブの異年齢集団の活動に着目して――
　　　………………………………………………………………石川拓次　107

❖養護教諭とコミュニケーション………………………………大野泰子　122

第7章　セイロン瓜プロジェクト活動における鈴鹿短期大学の役割
　　　…………………………………………………………久保さつき　125

第8章　スポーツ栄養サポート研究会の取り組みと課題
　　　………………………………………………………………梅原頼子　141

❖学びとコミュニケーション……………………………………長澤　貴　156

第9章　食物栄養学専攻におけるコミュニケーション能力育成と実践
　　　――食育活動への展開――………………………………福永峰子　159

❖SNSとコミュニケーション…………………………………出雲敏彦　175

おわりに………………………………………川又俊則・久保さつき　177

執筆者紹介……………………………………………………………　179

8

[第Ⅰ部]

教育とコミュニケーション

第1章

特別授業「コミュニケーションとは何だろう？」
―――科学,芸術,宗教のはざまで―――

佐治晴夫

　みなさん，こんにちは。それでは，これから，私たち人間にとって「コミュニケーション」とは何か，というテーマで，広く，科学や宗教，あるいは芸術なども交えて，いろいろな視点からの話題をちりばめながら，お話をすすめてみたいと思います。そこで，まず，日本の代表的辞書である「広辞苑」で，「コミュニケーション」の項を調べてみると，「社会生活を営む人間の間に行われる知覚・感情・思考の伝達。言語・文字その他視覚，聴覚に訴える各種のものを媒介とする」と書いてあります。そして，その後に，「マス・コミュニケーション」という項目が付け加えられていて，そこには，「動物相互間での身振りや音声などによる心的内容の伝達」と書かれています。とても簡潔な表現ですが，これを裏返すと，コミュニケーションなしでは，人間生活がなりたたない，ということが前提になっていることがわかります。それでは，授業を始めましょう。

♩ 一時間目：不可思議な存在としての私たち
―――Que sommes-Nous? (What Are We?)

　まず，人間とは何なのか，その謎にみちた問いかけから始めましょう。自分で自分の顔を見ることができないように，自分で自分自身のことを理解するのは，とても難しいことです。それは，鏡で自分の顔を見ているような気

分になっていても，実は，鏡に映るあなたの顔は，上下はそのままでも，左右が逆転していますから，他者が見るあなたの顔とは別物です。写真にとってみたとしても，それは，新聞の写真を虫メガネで拡大してみればわかるように，こまかい粒々の集合体で，あなたの顔そのものではありません。それでは，あなたの目が顔から飛び出して振り返ることができれば，とも思いたくなりますが，それは不可能，もし仮にできたとしても，そこにあるのは目のないあなたの顔であり，どんなに工夫しても自分で自分の顔を見ることはできません。それと同じように，自分はこういう人間だ，と思っていても，それは他者から見たあなたの姿とは違っているかもしれません。それに加えて，家族とともに家の中にいるときのあなたと，大学で勉強しているときのあなた，あるいは，親しい友達と楽しい時間を過ごしているときのあなたは，同じではないでしょう。人間は，その場に応じて変幻自在に変化しているのです。

　昭和初期に活躍した日本を代表する童話作家，詩人であり，また思想家でもあった宮澤賢治は，その代表作，「春と修羅」第一集の序文のところで，こんなことを書いています。

　　　　　　わたくしという現象は
　　　　　　仮定された有機交流電燈の
　　　　　　ひとつの青い照明です。
　　　　　　（あらゆる透明な幽霊の複合体）
　　　　　　風景やみんなといっしょに
　　　　　　せわしくせわしく明滅しながら
　　　　　　いかにもたしかにともりつづける
　　　　　　因果交流電燈のひとつの青い照明です
　　　　　　（ひかりはたもち　その電燈は失われ）
　　　　　　　……（後略）

　ここで，重要なことは，"わたくしという「存在」"とは言わずに，「現象」

だと言っているところです。それはつねに移ろいゆくもので，固定した存在ではない，と言っているのでしょう。さらにそれを強調するかのように「仮定された」と言っています。「有機」というのは，有機物，すなわち炭素を含む化合物のことで，炭素が生命体の根源物質であることから，生きている人間の状態を表現しようとしているのかもしれません。そして，「あらゆる透明な幽霊の複合体」と言い切っています。と言っておきながら，一方では「みんなといっしょに」せわしく明滅しながら，ともりつづける「たしかな存在」だと言っています。しかも，その存在には，原因があって，そこから結果が導かれるという因果関係をもった不思議な存在だとも言っているのです。つまり，この詩のエッセンスを抽出するとすれば，人間の存在は，決して独立したものでなく，環境や他者とおたがいに関わり合いながら存在していると主張しているかのように思えます。つまり相互依存ですね。

　実は，このような考え方は，科学の視点でもあります。たとえば，水は水そのものからできているのではなく，水ではない水素と酸素の化合物として存在しています。これを人間におきかえると，あなたをあなたにしているのは，あなた自身ではなく，あなた以外の人たちや環境との関わりを通して，あなたになっているということですね。

　さらに考えてみれば，私たちの体は，およそ60兆個の細胞からできているといわれていますが，毎日，その中の１％の細胞が死滅し，新たに生まれ変わっているといわれています。ということは，物質レベルでいえば，私たちの体は変化しない不動の存在ではなく，日々，移ろい移っている存在です。にもかかわらず，なぜ，「昨日のあなた」は，再び「今日のあなた」でいられるのでしょう。それは，あなたと，周囲との関わりが，あなたを，あなたとして存続させているからです。あなたの家族や友人，あなたを受け入れてくれている学校や社会があるからこそ，「あなた」は「あなた」で居続けることができるのですね。「あなた」の存在は，「あなた以外」のすべてのものによって確定しているということですね。これも相互依存です。

　私たち人間は空気中の酸素を体内に入れてエネルギー源として，二酸化炭素を排出して生きています。その一方では，その二酸化炭素を栄養源として

自分の中にとりいれ，今度は酸素を排出しながら生きているのが植物であるとするならば，原因が結果となり，その結果が原因にもなっているということなのですから，これは「因果交流」でもあり，相互依存でもあって，広い意味からあえて言ってしまえば，「コミュニケーション」だともいえます。つまり，私たち生物は，他の生物や広く環境全体とエネルギーのやりとりをしながら生きているということです。

さて，ここで，みなさんに，「1枚の紙の中に雲が見えますか？」と問いかけたら，どのように答えますか。これは，ベトナム戦争の最中，平和を訴え続けたベトナムの禅僧でもあり，詩人でもあったティック・ナット・ハン氏の言葉です。

考えてみれば，紙の原料はパルプ，すなわち樹木であり，樹木が育つには水が必要ですが，その水をもたらすものは雨であり，その雨を降らせるためには雲がなければなりません。さらにつけ加えるとすれば，その雲をつくるのは太陽からの熱エネルギーです。

つまり1枚の紙と雲は無関係ではなく，たがいに関わっているということです。これは，あくまでも科学のまなざしですが，詩的に表現すれば，「1枚の紙の中に雲が見えますか？」ということになります。科学のまなざしと詩人のまなざし，いいかえれば感覚は以外に近いところにあるということを示す一つの例だと思います。じつは，この考え方の根底にあるのは，すべての存在は独立したものではなく，たがいに関わりあい，相互依存しているということで，いいかえれば，万物は，広い意味での「コミュニケーション」をもとにして存在しているということになりますね。

♪ 二時間目：私たちはどこからきたのだろうか
—— D'où venons-Nous?（Where Do We Come From?）

ところで，現代科学の最先端としての宇宙論によれば，私たちの宇宙は，今からおよそ138億年の遠い昔，小さな光の粒として爆発するかのようにできたとされています。一言でいってしまえば，すべての根源は一つだという

ことです．もちろん，一つという表現は，厳密にいえば，たくさんの次元をもつ状態ですから，必ずしも正確ではありませんが，一般的な話としていえば，すべては一つから始まり，そこからしだいに枝分かれしながら，現在に至ったと考えてもよいと思います．ビッグバンによる宇宙創生のシナリオです．といわれてみても，それは，どこで始まったのか，なぜ始まったのか，始まる前はどうだったのか，などという疑問が湧いてきて困ってしまいますね．ところが，このような「はじまり」の証拠が，現代の科学では，はっきりと確認されていて，今，これを読んでいるあなたのまわりにも，天空からビッグバンの残り火が降りそそいでいます．宇宙背景放射（cosmic backgroud radiation）とよばれている目には見えない電波雑音です．ここで，繰り返しになりますが，すべては，この宇宙の中で生まれたのですから，もとはといえば，ひとつのものから枝分かれするようにして進化してきたのであり，となると，おたがいに相互依存しているというのは当然ですね．そして相互依存しているならば，たがいの間には，かならず「コミュニケーション」がなければ存在できないということになります．

　ところで，私たちは，目でものを見ていると思っています．しかし，同じバラの花をみても，私が見ているバラの色と，みなさんが見ている色が同じであるかどうかを確かめることはできません．それぞれの人は，自分で見ているような色としか認識できないからです．みなさんも私も，赤信号を見て止まりますが，その見ている赤が同じ色であるかどうかを検証することもできません．信号についていえば，同じ標本を見せられて，あなたはそれをあなたの赤だと認識して止まるのであり，私は，私が見た赤を停止の信号だと認識して止まります．つまり，人は，ものを目で見ているのではなく，脳で見ているといってもいいでしょう．それを「心」で見ているといってもいいですね．

　この脳の働きを一言でいえば，「考える」ということです．「考える」能力とは，未来を予測できる能力だとも言えます．もし，ここでこういうことをしたら，こうなるかもしれないとか，早く痛みが去ってほしいとか，この喜びがいつまでも続いてほしいとか，未来への予測です．つまり，「考える」

という働きは，脳のいろいろの部分に記憶されている過去の出来事を寄せ集めて，ひとつの判断をしていくということで，このあと4時間目にお話しする予定の"時間"とも深く関わっていることを付け加えておきましょう。

　その一方で，脳は，自らの命が未来永劫，つまり永遠に続くものではなく有限であるということを知っています。どんな生き物でも，つかまえようとすれば例外なく逃げようとします。生き物はつかまえられて殺されたくない，つまり生き続けたいと思う存在のようです。しかしながら命は有限であるということを知ってしまった人間は，なんとかして，有限な命という宿命を克服できないかと望むようになりました。

　この永遠，無限への憧れとは，人生が有限であることを知ってしまったからこその憧れで，そこに宗教が誕生する理由があります。生命の有限性は，生物の進化から考えれば，自分の祖先をコピーするようにつくってきた無性生殖から，オスとメスという二つの性が協力し合って，環境変化に強い生物種を実現するために工夫した有性生殖と引き換えに獲得したものだということを付け加えておきましょう。環境に適合するように生き抜くためには，いつも新しく生まれ変わるということが必要だったのですね。世代交代によって永遠の命を生み出そうという合理的なシステムです。具体的にいえば，個体生命の有限性は細胞分裂でのDNAの分離と結合のときに，許される繰り返し数が限界をもたねばならないことに起因します。

　ところで，「考える脳」を獲得するにいたった理由には，地球環境の変化によって生じた人類の歴史が関わっています。

　この地球上には，1000種類以上の哺乳類がいますが，その中で，四足歩行から立ち上がり，二足歩行に切り替えた唯一の哺乳類が人間です。そのきっかけは，アフリカで起った巨大地震にあったようです。つまり地震によって隆起した山に衝突する水分を含んだ空気は，すべて雨になり，その山々に囲まれた内側の草原，すなわちサバンナに吹く風はカラカラに乾いていたために雨が降らず，森林は育たなくなりました。そこで困ったのは，かつては樹木の上で生活していて，草原にとり残された哺乳類たちです。今までのように身辺の危険察知や，食料確保のための視界の広がりが失われてし

まい，そこから立ち上がったとされています。立ち上がることによって大きな脳を獲得し，両手が使えるようになって人類への道を歩み始めました。

　しかし，その一方では，立ち上がることによって骨盤の間隔がせまくなり，十分に発達した脳をもった赤ちゃんを自然に産み出すことができなくなり，犬や馬など，他の哺乳類と違って，人間だけが，脳が十分に発達していない未熟児の状態でしか，出産できなくなってしまいました。人間の赤ちゃんが，自分の足で立ち上がり，母親からの授乳さえも受けることができない理由はここにあります。人間の特徴は，周囲から協力と教育なしでは，一人前にはなれないということで，カントの言葉を借りれば，

　「人間とは，唯一教育されなければ一人前になれない哺乳類である」
ということになってしまったのです。それはまた，見返りを求めない無償の愛と，相互扶助の出発点にもなりました。心の相互依存です。だからこそ，「コミュニケーション」なしでは生きられないということです。考える大きな脳をもったための代償です。そのことに，さらに付け加えておけば，立ち上がることによって，喉の構造が変わり，微妙な音を発することができるようにもなりました。その結果，生み出されたのが言語で，その言語の獲得が，きちんと順序だててものごとを「考える」ことに必要な論理性を生み出したとも考えられています。

　その一方で，相互扶助が必要な人類は，安定した効率のよい社会をつくるために，集団を形成します。しかし，その集団が，よその集団から危害を加えられるような危険性に見舞われると，自らの集団を守るために相手と戦うという闘争に入ります。家族や集団を守るという愛の行為が相手方を攻撃するという行為に転じます。人間がもつ愛と闘争の二面性です。これらの二面性は，どちらから相手を見るかによって，そのどちらもが，正義になりうるという矛盾を抱えています。したがって，それらをどのようにバランスよく調和させていくかが重要です。そこに欠かせないのが，たがいの間の「コミュニケーション」であることはいうまでもないことです。

♪ 三時間目：私たちはどこへ向おうとしているのだろうか
—— Où allons- Nous?（Where Are We Going?）

　それでは，その矛盾を乗り越えるには，どうしたらいいのか。その答えもまた相互依存の認識の中にあると考えます。つまり，あなたと私は相互依存しているのであり，私の身勝手は，あなたの身勝手と同じであるという認識です。私が空腹を感じるとき，目の前には同じ空腹を感じるあなたがいるという認識です。あなたが喜びに満ちているとき，それを喜ぶ私がいるという認識です。あるいは，私たちの「生」は，たくさんの先人たちを含めた「死」の上に存在しているといってもいいでしょう。それが，限りある「いのち」の持続です。私たちの一生では完結しえない文化の伝承を可能にしているというのが，数ある哺乳類の中での人間の特長だといってもいいでしょう。

　ところで，私たちの脳が，考える機能をもつということは，未来を想像できる能力をもつことであると，さきほどお話ししましたが，その力こそが，限りあるものと，永遠なるものを関係づける原動力になるものです。その一方では，それは，人と人とを結びつける人間独自の特徴的な能力にもなっています。それが共感（empathy）です。

　同情（sympathy）は上から下を見るまなざしですが，共感は同じ目線です。理解する，understand とは文字通り，下（under）に立つ（stand）という意味だとすると，共感と理解は同じことだといってもいいでしょう。それは「寄り添う」ということ，いいかえれば，相互依存だからこそ，寄り添わねばならないということで，ラテン語でいえば，clementia です。仏教には慈悲という言葉がありますね。もともと語源にまで遡れば，慈は（mettā）で，相手の幸せを心から願う，という意味で，悲は（karūna），相手の痛みが除かれることを心から願うという意味だとされています。そのことを表現したやさしい詩があります。大正末期に，彗星のごとく現れた天才的童謡詩人，金子みすゞの作品，「さびしいとき」というタイトルの作品です。

第1章　特別授業「コミュニケーションとは何だろう？」

　　　わたしがさびしいときに
　　　よそのひとは　知らないの。
　　　わたしがさびしいときに
　　　おともだちは笑うの。
　　　わたしがさびしいときに
　　　おかあさんはやさしいの。
　　　わたしがさびしいときに
　　　ほとけさまはさびしいの。

　　　　　　　　　　　　（『金子みすゞ全集』JULA 出版局）

　"ほとけさま「も」"ではなく，"ほとけさま「は」"であって，ほとけさまは，第三者としてしっかりと「寄り添って」いることが表現されています。
　このような考え方は仏教に限らず，たとえば，アッシジに生まれて12世紀から13世紀を生きたキリスト教最大の教父でもあった聖フランシスコの「平和の祈り」の中にも見られます。この祈りは，「主よ，私を，あなたの平和をもたらすための"しもべ"として使ってください」という一節からはじまりますが，注目すべき箇所は，その後半にあり，その概略は以下のとおりです。

　　　「……
　　　ああ，主よ。
　　　慰められるより　慰めることを
　　　理解されるよりも　理解することを
　　　愛されることよりも　愛することをもとめさせてください。

　　　なぜなら，私たちは，与えることによって与えられ
　　　赦すことによって，赦されるのですから。
　　　そしてみずからを捨てることによって永遠の命にいきるのですから。
　　　　　　　　　　　　　　　アーメン。」

これらを統合して考えると，宗教の根源的思想の中心は，サンスクリットでいえば ahimsa，すなわち「他者を傷つけない」ということにあるようです。世界の代表的な宗教の教義をまとめてみると，たとえば，

ヒンドウー教：「他人からしてほしくないことを，他人にしてはならない。これが義務のすべてである」（マハーバーラタ5・1517）。
ユダヤ教：「あなたにとって好ましくないことを，隣人にしてはならない」（ヒレル・タルムード・シャバット篇31a）。
仏教：「他人にとっても，それぞれの自己は愛しいのである。それ故に，自己を愛するものは，他人を害してはならない」（ウダーナヴァルガ5・20）
イスラーム：「自分自身を愛するように兄弟を愛するまでは，誰一人，信者ということはできない」（アンナワウィーのハディース13）。
道教：「あなたの隣人の利益は，あなたの利益であり，隣人の損はあなたの損であるとみなしなさい」（太上感応編）。
儒教：「己の欲せざる所は人に施すこと勿れ。邦に在りても怨みなく，家に在りても怨みなし」（論語 顔淵第12の2）。
ジャイナ教：「人は自身が扱われるように，生き物を扱いつつ彷徨うべきである」（スートラクリタンガ1–11–33）。
ゾロアスター教：「その本質そのものが善であり，他者に対して善くないことをなすのを抑制している」（ダディステン1，ディニク94–5）。
キリスト教：「だから，人にしてもらいたいと思うことは何でも，あなたがたも人にしなさい。これこそ律法と預言者である」（マタイによる福音書7–12）。

私たちにとって痛みは，望まれないものです。科学は「もの」として感じる痛みを除くことができますが，「こころ」の痛みを取り除く役割を担うのが宗教だと言ってもいいでしょう。このように考えていくと，科学は，人間と自然とのコミュニケーションのあり方を教えてくれるものであり，宗教は，物質としての人間と見えない心とのコミュニケーションに方向性を与え

てくれるものなのかもしれません。

🎵 四時間目：生きるということ

　ところで，私たちが，生きているということは，たとえでいえば，体という物体がもつ体積でこの空間を占有し，日々，時間を費やしながら，時間の海を泳いでいるといっても過言ではありません。中国の古典，淮南子によれば，もともと，宇宙という言葉の「宇」とは「四方上下」すなわち空間，「宙」とは「往古来今」すなわち時間だと書かれています。ということは，生きている人間そのものが宇宙であるといってもよさそうですね。

　ところで，時間は感じられることはあっても，目で見ることはできません。時間は実在するのでしょうか。実は，物理学でいう時間には過去と未来の区別はありません。物事が起る順序を決める物差しのようなものだからです。たとえば，振り子の運動を想像してみましょう。それをビデオにとって逆回ししてみても，同じ情景が見えるばかりで，過去と未来の区別はできないでしょう。過去から未来へとただ一次元的に流れていくようにしか見えない時間の不思議。ここで，初期キリスト教会，最大の教父ともいわれるアウグスティヌス（Aurelius Augustinus）がその代表的著作「告白」の中で述べている興味深い箇所を紹介しましょう。

　「……ではいったい，時間とは何でしょうか。……私たちが会話の際，時間ほど親しみ深く熟知のものとして言及するものは，何もありません。それについて話すとき，たしかに私たちは理解しています。人が話すのを聞くときも，たしかに私たちは理解しています。ではいったい，時間とは何でしょう。だれも私にたずねないとき，私は知っています。たずねられて説明しようと思うと，知らないのです。しかし，（私は知っている）と，確信をもっていえることがあります。それは，（もし何ものも過ぎ去らないならば，過去の時はないであろう。何ものもやってこないのならば，未来の時はないであろう。何ものもないならば，現在の時はないであろう）

ということです。では，この二つの時間，過去と未来とはどのようにしてあるのでしょうか。過去とは（もはやない）ものであり，未来とは（まだない）ものであるのに，また，現在は，もし，いつもあり，過去に移りさらないならば，もはや時ではなくて，永遠となるでしょう。ですから，もし，現在が時であるのは，過去に移り去っていくからだとするならば，（現在がある）ということも，どうしていえるのでしょうか。現在にとって，それが（ある）といわれるわけは，まさしく，それが（ないであろう）からなのです。すなわち，私たちがほんとうの意味で，（時がある）といえるのは，まさしく，それが（ない方向に）むかっているからなのです。……」。 　　　　　　　　　　　　　　（告白，第11巻第14章）

すなわち，「時間とは，いつもは知っていると思っているが，いざ，聞かれてみると知らないものである」のであって，古今東西，哲学上の問題として，議論が重ねられてきましたが，アウグスティヌスの論議は，過去，未来，現在という時間の流れに光を当て，過去は過ぎ去ったものであるから存在せず，未来は，未だ来ていないのであるから，これも存在せず，ならば，過去でもなく，未来でもない「現在」が存在するのであれば，それは，過ぎ去ることをしないものであって，「永遠」であるという考え方を展開しているのです。

その一方で，私たちにとっては，過去と未来の区別があります。これは脳の記憶という機能と関連すると考えられています。つまり，わかりやすくいえば，過去は覚えていられるけれど，未来は記憶できないという一方向性です。いいかえれば，脳が時間の流れを創り出しているという考え方です。考えてみれば，私たちが時間の経過を測るときには，すべて繰り返し現象を時計として使っています。古くは，地球の自転や公転，振り子の往復運動など，今ではセシウム133という原子の振動（毎秒9192631770回）を基準にして測っています。

　じつは，私たちの体の中にも周期的現象があります。そのなかのひとつが

心臓の鼓動です。しかも，哺乳類だけを考えれば，一番体重が軽い哺乳類はハツカネズミでおよそ30グラム，一番重い哺乳類は，ゾウやクジラで何トンもあります。ところが，一生のうちに打つ鼓動数は，大きさや種類に関わらず一定で，およそ10億回だといわれています。生物もまた，物質のひとつの形態だということですね。しかし，私たちは感覚で時を感じています。感じるということの条件は生きていることです。生きているためには，心臓が動いていなければなりません。ということは，一足飛びにいってしまえば，生きていることが，時間を創り出していることだともいえそうですね。時計で計った同じ時間であっても，楽しいときはあっという間に過ぎ去り，退屈な時間は，なかなか過ぎ去ろうとしません。それぞれの人は，その人固有の時間を生きているかのようです。

　ところで，私たちが，過去，現在，未来について想いを馳せるとき，それらがあるのか，ないのかの議論は別して，少なくとも，現在は，記憶の中の過去の集積によって作り上げられている結果だということは間違いないでしょう。ですから，私たちは，過去に執着してしまうのでしょうね。しかし，さきほどからお話ししているように，過去は存在しません。また，まだ見ぬ未来は，現在を重ねていく先に生み出されるものです。つまり，記憶の中で，とても辛い過去があったとしても，それは，これからどのように生きるかによって，その過去の意味づけが変わってくるということです。どんなに辛い過去であっても，それらの延長線上に現在があるのですから，これから，どのように生きるかによって，新しい過去の創出ができるということです。ひとことで，いってしまえば，「これから」が「これまで」を決めるということです。

　私たちは，自分の一生の長さが有限であることを知っています。しかしながら，自分の生まれた瞬間のことを客観的に知ることはできません。それと同じように，自分の人生の終焉についても同様です。私たちは，他者の誕生や終焉に出会うことによって，自分の人生についての「はじまり」と「おわり」を想像することしかできません。自分についてだけいえば，自分の「はじまり」も「おわり」もわからないということですね。いいかえれば，極端

な表現ですが，その人自身にとっての人生の長さは，無限であるといってもいいかもしれません。そのように，人は自分の時間を紡ぎながら生きていくということなのでしょう。ある意味からいえば，生きていること自体が，時間を創出することではありますが，別の見方をすれば，二時間目にお話したように，「考える」機能を駆使しながら，見えない時間とのコミュニケーションをしているという営みこそが生きていることの証だといってもいいのではないでしょうか。

♫五時間目：すべては相互依存の調和の中に

さて，みなさんもご存知のように，現代社会は情報の伝達，拡大において，信じがたいほどのグローバリゼーションの坩堝と化しています。ある場所で起こった出来事のすべては，瞬時にして，テレビやインターネットといったものをとおして全世界に伝えられ，しかも，私たちの生活空間の中に，否応なしに侵入してきます。このような状況の中では，もはや，排他主義はまったく通用しなくなってしまいます。人間とはいったい何者なのか，またそれを育んできた宇宙とはどのような存在であるのかというような客観的な理解を出発点として，相互理解を作り上げていく以外には，とても世界の平和はありえないでしょう。そこに，科学の出番があるようにも感じています。それは，ある事柄や主張が正しいものであるか，間違ったものであるかは別にして，ここまで，情報の共有化が進んでしまった現代においては，かつてのような自分独自の世界観こそが正当であるとして，周囲に戦いを挑んできたいわゆる原理主義的な考え方は，通用しなくなってきているからです。原則をいえば，科学には客観性が求められますから，誰にでも通用する共通の言語で話さなければなりません。世界は，それぞれが異なる言語をもち，異なる対象に対して祈りを捧げ，異なる考え方，概念に根ざす教義を掲げている人たちの宗教集団であふれています。だからこそ，それらに共通する考え方を，宇宙における人間という視座から，あくまでも客観的で，しかも実証可能な科学の言葉で，包括していかねばならないということになりま

す。そこに必要なのが,「コミュニケーション」です。その前提となる重要な認識には,三つが考えられます。

その第一は,これまでにお話ししてきたように,私たちは,この宇宙の中で誕生してきたというまぎれもない事実の認識です。つまり,人間を含むあらゆる生物,つまり「いのち」はもともと物質から生まれたものであり,それゆえに,すべての存在において,起源は同一であるということの認識です。

そして,第二には,だからこそ,すべてのものたちは,たがいに独立した存在ではありえなくて,例外なく,他者,外界との関わりの中でしか存在できないものであるという事実の認識です。たとえば,植物と動物の関係を考えてみましょう。原始地球にまず芽生えた植物は,当時の大気の大部分を占めていた二酸化炭素からエネルギーを摂取していました。そして,酸素を余分なものとして排出していました。そこで,この排出する酸素をエネルギー源として摂取し,二酸化炭素を排出する動物を生み出したというわけです。つまり,植物と動物は,おたがいに助け合う関係（互恵性といいます）をもつ存在として,共存の道を選んだということですね。これは,植物の主要要素であるクロロフィルと,動物の血液中に主成分として含まれるヘモグロビンの分子構造が,ほとんど同じであって,その一部がMg（マグネシウム）であるかFe（鉄）であるか,だけの違いであることからも十分に理解されるでしょう。

第三には,考える能力の源泉である大きな脳をもつ人間は,他の哺乳類と異なり,未熟児としてしか出産できなかったという進化の過程があったことを忘れてはなりません。ここから見えてくることは,社会の存続には,自分の利益だけを考えるのでなく,他者の利益が自分にも還元されるということから「利他」のシステムが不可欠だということです。繰り返しになりますが,この場合の「利他」とは,あくまでも,他者の利益に対してのみ心配りをするという意味ではなく,すべての存在は,対等で同じ価値をもっているということですから,他者への利益は自身への利益に還元されるということへの気付きです。この三つを共有できるような社会をつくるのに必要な出発点が,「コミュニケーション」です。それは,人と人とだけの間だけのもの

に留まらず，人間をとりまく自然や，そのほかの環境を含めたあらゆる存在相互間の「コミュニケーション」です。それは人間が人間であるためには不可欠な条件であるともいえます。

おわりに

　以上，「コミュニケーション」について，いろいろの視点からお話ししてきました。みなさんもご存知のように，私たちには，五官，すなわち，視覚，聴覚，嗅覚，触覚，味覚という五つの感覚で，外界とのコミュニケーションを行っています。そのなかでも，聴覚はとくに重要な働きをしていて，とくに最近注目されているのは，小鳥の鳴き声の研究から，人間にとっての一番重要なコミュニケーション方法である発声と言語と感情表現の関係が明らかになってきていることです。そこから，本来，人間がもつ能力を，それぞれの人生のステージで発揮させるために極めて有用な音楽療法の重要性が浮かび上がってきます。とりわけ，本学は三重県での唯一の音楽療法士養成機関でもありますから，もっとも根源的な「コミュニケーション」手段としての音楽療法の基礎についても，学んでいただきたいと思っています。

　人は誰でも幸せになりたいと願う生き物です。考えてみれば，意味のある人生とは，その人にとって意味のある物語をつくることだともいえます。そのシナリオとは，「未来への希望」です。くしくも，2013年9月には，NASAが太陽系・外惑星探査を目的として1977年9月に打ち上げた探査機，ボイジャー1号が太陽圏を離脱しました。そこには，地球からのメッセージとして音情報が搭載されています。それは，私たちの人生の長さでは完結しないはるかな未来への希望です。そのプロジェクトに関わった当事者として，この講義の締めくくりに，繰り返しになりますが，ユダヤのラビの口伝書「ミシュナー」から，ひとつの言葉を引用して，私の授業を終えることにします。

　「たとえ，明日，世界が滅びると分かっていても，私は，今日，りんごの苗を植えるだろう」

第2章

方法としての教育原理

勝間田明子

　連日，マスメディアで，またインターネット上で，社会のさまざまな問題が「教育問題」として取り上げられ，教育は批判され続けている。日本は「一億総教育評論家」と言われるほどに，誰もが教育について一家言をもっており，「教育問題」は常に語られ続けているのにもかかわらず，それらの問題は，なかなか解決には至らない。なぜだろうか。

　日本は，国民の誰もが9年間の義務教育を無償で受けられることになっている。さらに高等教育機関や社会教育施設，家庭やそれに準ずる場，職場やカルチャースクールなど，社会のあらゆる場所においてさまざまな「教育」と呼ばれる活動がおこなわれている。わたしたちのそれぞれが，自分が好むと好まざるとに関わらず，色々な場所で多種多様な「教育」を受けている，といえよう。そして，そのような「教育」が，各人にとっての「個人的な教育経験」となり，それらが積み重なっていくことで，「個性」の形成に何らかの影響を及ぼすことになるのである。換言すれば，わたしたちはこの世に「ヒトとして生を受けてから，教育を通して人間になる」といってもよい。自分の属する社会で，人間として生きていくために，「教育」は不可欠だからである。

　したがって，すべての人は何らかの「教育経験」を有しており，それを基盤にして「教育」に対する持論を築き上げている。あるいは，自分の経験と照らし合わせて強く頷いたり，違和感を覚えたりするので，誰しも教育につ

いて「語る」ことができる。

　この「教育」を「犬」の話で例えてみるとわかりやすい。わたしたちがイヌの話をするとき，それぞれが思い浮かべるのは生物種としてのイヌではなく，具体的な色や形をもつ「犬」であろう。わたしの念頭にある「犬」は，昔飼っていた「ミニィ」であるが，誰かにとってはCMで人気を博した「チワワ」であるかもしれない。あるいは，具体的な固有名をもつ「犬」ではなく，映画『南極物語』のタロとジロのイメージや，『フランダースの犬』から得た知識からのイメージで構成された「犬」かもしれない。具体的な形をもつイヌでさえ，各人が脳裏に結ぶ像は千差万別であるのだから，教育という概念が人それぞれに異なるということは想像に難くない。

　しかし，このように教育というものが，あまりにも身近に「ある」ために，わたしたちは「教育とは何か」という根本的な問いを追求することなく，お互いの実体験を通して暗黙裡に，そして無自覚・無反省に「なんとなく知っているもの」として語ってしまうのである。わたしたちのそれぞれが自明のものとしてしまっている「教育」の現状を問題視し，その解決方法を真摯に探ろうと試みるならば，わたしたちは，教育を「語る」前に，教育を「学ぶ」必要があるのではないか。

1．課題の設定

(1) 教育を「語る」ことの目的

　教育の議論において，往々にして見受けられることは，論者たちが，同じ教育の話をしているはずなのに話がかみ合っていない，という惨状である。これは論者がそれぞれの「教育」の自説をもっており，実体験に裏付けられた「教育観」を基礎に論理を展開するための悲劇である。このような議論は，往々にしてその論点自体が曖昧になり，拡散していく。最終的には，お互いがそれぞれの持論や経験を披露し合うだけの平行線をたどることになってしまうことになるのだ。

　「はじめに」で触れたように，繰り返される「教育」に関する議論があま

り生産的な結論に至らないのは，その背景に，こういった「語り」のあり方の問題があるからではないだろうか。

　もちろん「教育問題」と総称される社会問題は，さまざまな社会的要因が複雑に絡み合っているため，問題解決の糸口を見つけることは容易でない。しかし，それでもなお，その難しい問題を「語らずにはいられない」ということは，教育問題を議論することが，語られる「問題の解決」だけを目指しているのではなく，語ることによる「個人のカタルシス」という役割も担い，そのように機能しているからであると考えてよいだろう。ただし，その場合は「語る」ことそれ自体が目的となり，「語りかける相手」は自らのカタルシスの手段になっていることだけは自覚しておきたい。

(2)「教育の主体」とは

　個人の実体験を基盤に，教育について考えようとすることの大きな問題点は，もう一つある。

　一般に「教育」というとき，各人はそれぞれが「自分の受けてきた教育」を頭に思い浮かべ，「教育＝教え育てること」（広辞苑）とイメージする。例えば「こどもに対する教育」をそのように捉えるとき，その教育の主語は「教える人」となる。つまり，「教える人」は教育の主導権を握る者となるのである。そのとき，こどもは「目的語」の位置に押しやられ，受け身の客体となる。そのように教育を捉えると，「教えられ，育てられるこども」は教育の主人公たり得なくなる。

　とくに，この「（教える人が主導権を握る）教育のイメージ」は，教職に就こうと希望している学生たちと話しているときに，強く感じることが多い。教職に就きたいという学生たちは，「生きる上で大切なことを，こどもに教えてあげたい」と無邪気に熱っぽく語る。

　そのような熱意を抱いて教職に就くことを志望する学生たちにとって，「教育原理を学ぶ」ということは，どういうことなのだろうか。

　本来，「教育原理」という科目では，教育の原理，すなわち，根幹となる理論，教育という社会的人間的な営みの中核をなす法則について学ぶことが

目指される。この「教育原理」という科目は，教職課程における必修科目のすべてを貫く支柱であり，全科目の基礎であるといってもよい。

しかし，先のように「教育」を捉えている学生たちにとっては，「教育原理を学ぶこと」は，「『（自分たちのイメージの中にある）教育』をするためのテクニックを学ぶこと」と同義であり，「教育原理を学ぶ」ことの意味は，「自分が教員として『教える』ときに有用な知識・技術」を学ぶことによって「教員として効果的かつ合理的な教育をすること」として捉えるのである。

はたして，教育の原理＝教育の中核となる部分は，誰かに何かを教えることなのだろうか。もしそうだとすれば，「教『育』」というのに，「育」の有する概念はどこにいってしまうのだろうか。

(3) 教育を「学ぶ」ために

このような学生の考え方は，先述の「教育」を議論する際に陥りがちな問題――教育を実体験から捉え，議論する相手の教育概念も自分のそれと無条件に「同じもの」と考えて，「すでに知っているもの」として考えて疑わないこと――，そして，その「教育」は，相手を「教えて育てる」という一方的な押し付けの感覚をも有していること，を端的に示すものであろう。

しかし，個々の教育経験は極めて個人的な体験として個人の中に蓄積するものである。学問とは，普遍的な真理を探究する営みであって，個別を普遍に開いていく営みであるため，「語ること」には充分であっても，学問として「学ぶこと」には不充分だといえよう。それでは教育を「学ぶ」ためには，個人の教育経験を普遍につなげていくための道筋として，具体的にどうすればよいのだろうか。

わたしたちはそれぞれ，わたしたちの個別的な教育経験を含む成育歴によって思考の枠組みを形成し，物事を認知する。この認知のシステムは可視化できないが，そのメカニズムに大きな影響を与える「教育」を捉えることは，わたしたちは自分自身の認知の傾向を知ることにつながるだろう。そして，もし自身の考え方の傾向（＝思考の枠組み）を自覚することができたならば，再び，教育によって認知の方法を変える，ということも可能になると

思われる。

　そしてこの「個々の教育経験を相対化すること」は，現代教育の喫緊の課題の一つである「学校教育の諸問題」に希望をもたらすだろうと思われる。とくに，学校教育の現場で傷つき，内に閉じこもるこども・若者たちのさまざまな「生きづらさ」を緩和するための一助となることが期待できる。

　「学校教育」が人間のつくった制度である以上，「絶対」ではあり得ず，「完璧」でもあり得ない。しかし，無意識のうちに自分の受けてきた学校教育を「絶対視」している学生がとても多い。学校教育を絶対視することの問題は，そこに適応できなかった者は劣等感に苛まれて自尊感情をもてなくなり，適応してきた者は学校の価値観（とくに問題となるのは単一の尺度で人を値踏みし，序列化するような心性）から離れられなくなる，という点にある。つまり，学校教育に適応した者も，そうでない者も，どちらであっても学校教育に強く規定された「生きづらさ」を抱え込んでしまうことになるのである。

　高等教育は，学校教育の集大成を目指すべき空間であり，機会である。しかもそれは，「学校教育によって，学校教育の呪縛から自由になる術を修める」というパラドキシカルな仕方で，教育の孕むさまざまな「矛盾」を自覚し，引き受けていく覚悟を必要とする。しかし，このことこそがモラトリアム期に大学という場で「教育」を学ぶ意味であり，「教育原理」という科目を履修することの最も重要な意義なのではないだろうか。

（4）本章の課題

　そこで本章では，教育を「学ぶ」ため，また人々の「生きづらさ」を相対化して乗り越えていくために，まず，わたしたちの「普通」を問い直す。わたしたちの「普通」を歴史の中に位置づけ，わたしたちの「普通」が「普通でない」ということを自覚することは，教育を対象化し，客観的に考える際に必要不可欠の作業である。

　そして次に，わたしたちの身体に潜在する「教育」のイメージを，普段の何気ない言動の中から析出する。とっさに口をついて出る言葉や反射的にと

る行動は，わたしたちの「考え方」を反映するものであるため，とくにここでは，「先生」と呼ばれる職業に就こうと志す学生たちの中に潜む「先生像」を通して，各人の教育観を浮き彫りにしたい。

このようにして，わたしたちの個人的な「教育経験」を歴史的に相対化した上で，現代の教育および人々の考え方に対して絶大な影響力を有する「学校」を取り上げる。そこでは「学校教育」における学びの主体性に焦点化し，学校での学びのあり方に強く規定された「わたしたちの考え方＝思考の枠組み」について考えてみたい。

教育を「学ぶ」ことは，「教育とは何か」を考え始めるためのスタートラインであると同時に，「人間とは何か」，「自分とは何か」と問うことに通じる。これらの問いは，わたしたちの存在意義を問うことであるといっても過言ではない。これらの点を検討することによって，教育の本質を「学ぶ」ための科目である「教育原理」は単に，教職に就く人にとっての「必修科目」というだけでなく，学問の入り口としてふさわしいものであるということに言及したいと思う。

2．わたしたちの「普通」について

(1)「普通」の歴史的変遷

本来，「教育」は生物学的な種としての「ヒト」が，それぞれの社会集団の中で文化的歴史的存在として，他の誰かと関係を切り結びながら「人間」として生きていくために，欠くことのできない社会的営みである。つまり「ヒトは教育を通して人間になる」と言い得るのであり，「ヒト」として生まれ落ちた生命が，教育によって人間らしい生き方を創りだすことができるのだといえよう。

したがって，教育を考える際には，教育が固定的なものではなく，時代や場所に規定され，社会の要請に応じて変わるものであることを鑑み，「教育」の名の下で行われてきた／行われている各種の社会的営為について，現在の視点で解釈するのではなく，それぞれの実践のおかれた時代状況や時代の雰

囲気を想像しながら，丁寧に言語化する必要がある。とくに以下では，現代の学校教育，自分の体験した学校教育を当然視するような，わたしたちの「普通」の感覚について考えてみたい。

(2) 日本の初等教育導入時の「普通」

　例えば，学校教育のダイナミックな様態を示すものとして，わたしたちの「普通」が普通でなかった時代，つまり，現行の義務教育が普及していなかった時代のことを取り上げる。ここでは，日本および植民地台湾において義務教育制度が導入されようとしたときのことに触れたい。

　日本の学校教育は，1872年の学制発布以来，法律によって体系化され，制度化されていくが，学齢児童の保護者に対し，その保護するこどもに初等教育を受けさせなくてはならないことを初めて通知したのは1886年の小学校令である。小学校令では，小学校を尋常小学校と高等小学校の二段階に分け，修業年限はそれぞれ4か年と定められ，学齢児童の保護者は，尋常小学校の4年間を修了するまでは，児童を就学させる義務があるとされた。

　しかし，当時の学齢児童の保護者の気持ちになって考えてみてほしい。歴史を考えるとき，当時の状況をふまえて追体験することはとても重要な意味をもつ。制度の上では，こどもを小学校へ就学させることは保護者の義務と定められていたが，もし自分が親だったら，授業料を払って，6歳になったこどもを小学校に送り出したいと思うだろうか。

　こどもは6歳にもなれば立派な働き手として重宝される存在であった。男の子は田畑で力仕事を任され，女の子は子守をしながら家事や農作業に勤しんだ。学校に行く意味やその価値を実感できず，大事な働き手を学校にとられたくないと考えた人々は，夜中に小学校を襲撃した。これが当時，頻発した小学校焼き討ち事件に底流する民衆の気持ちだろう。

　わたしたちは今，小学校に行くことを「普通」と感じているが，小学校の就学率が90％を超えるのは1900年になってからであり，150年前には小学校さえ存在しなかった。人類の歴史を考えると，小学校が存在しない時代の方がずっと長い。わたしたちの「普通」はどれほどの普遍性があるのか，150

年後の未来にはどうなっているのか，という思考実験は，自分の「教育経験」を相対化する一つの方法となるだろう。

（3）植民地台湾の初等教育導入時の「普通」

次に，日本の植民地であった台湾について取り上げよう。台湾は1895年に日清戦争の講和条約によって，清から日本に割譲された。台湾は「外地」と呼ばれ，「日本の一部」である，と対内的にも対外的にも宣言されていたが，日本「内地」とは異なる法制度が採用され，為政者である日本人（＝内地人）にさまざまな面で有利に働くような統治制度が敷かれていたのであり，実質的には植民地であったといってよい。

この植民地台湾において初等教育を普及しようした際も，日本においてそうだったように，状況は困難を極めた。当時の台湾は，民衆の7割が農民であり，さらにその温暖な気候は農業に適していた。農民は日常生活において学校教育を必要としていなかったのである。

しかし先に「ヒトは教育を通して人間になる」と記したが，人間形成に与える教育の影響を考えるなら，また近代国家による国民教育の目的が，民衆を「国民」として育成すること，つまり，教育が国民形成の手段であり，富国強兵，殖産興業の手段であることを考えるならば，学校教育は嗜好品や贅沢品ではなく，国家の要請なのである。台湾の民衆を大日本帝国に身も心も従属させ，有用な労働力とするためには，初等教育は積極的に利用されなくてはならなかった。

そこで，「教育が飯のタネとなる」こと，つまり，「教育が個々の家庭の生活向上の手段となる」ということが，民衆と国家の結節点として機能することになった。植民地台湾の製糖業の発展に尽力した新渡戸稲造の「教育も胃に訴えたらよかろう」という言葉はそのことを端的に物語るものだろう。

植民地台湾の初等教育普及の初期に，この「教育＝生活向上の手段」という機能を，農作業を実際に民衆とともにおこない，生産性が上がることを実践してみせ，教育の価値を学齢児童の保護者に説いて回って就学督励をおこなったのが教育現場の教職員であった。その行為の是非はともかく，これも

「現在の普通」が「普通ではなかった」ことを示しているといえよう。なお，植民地台湾においても，初等教育の就学熱が高まっていき，就学督励の必要がなくなっていくのは1900年代の初頭である。とくに日本が日露戦争に勝利したこと（1905年）は，当時の台湾の人々の考え方に大きな影響を与えたと言われている。

(4)「普通」の特殊性

　この二つの事例だけを考えても，人類の歴史からみると取るに足らない百数十年ほどの短い期間に，人間の生活も考え方も一変したということがわかるだろう。したがって，これから，良くも悪くも，わたしたちの「普通」は「変わる可能性」がある，といえよう。

　それなのに，わたしたちは，今の「普通」に縛られ，囚われていないだろうか。「普通」から逸脱することを過度に恐れてはいないだろうか。一度，自分自身の「普通」を構成する要素の，現在と過去を連続と断絶という観点をもちながら比較してほしい。

　とくに，歴史に規定された「過去の現在」が「現在の過去」になって歴史となり，その歴史上では「想像もしなかったような未来」が「現在」となって，わたしたちの「普通」をつくりだしていることを，追体験しながら考え直してみたい。そうすると，わたしたちの「普通」はそれほど確固たるものに依拠していないこと，また，わたしたちの「普通」が将来どうなるのか，という予測もそれほど確かなものではないことを実感できるのではないだろうか。

3.「教えて育てる」こと，「教えて育つ」こと

(1)「教育のイメージ」と実態

　もうひとつ，わたしたちが「教育」を考える際の「普通」は，教育を「教え，育てる」こと，とイメージすることである。

　漢字の語源から考えると，「教」については「教え／教える」と送り仮名

をふることに問題はないが,「育」を訓読みするなら「育つ」と読むのが自然であり,「育てる」ではないだろう。それにもかかわらず,わたしたちは「育てる」と読んでしまう。これはなぜだろうか。

この「教え,育てる」というイメージが広く流布している背景には,産業革命以降,こどもを学校に囲い込み,公教育という形でこどもに外から知識や技術を「教え」て,国民として,あるいは,労働者として「育てよう」とする学校教育が,教育のメインストリームとして台頭したことがある。

そして,現在に至るまで,学校という教育機関はさまざまな問題点を露呈しながらも,他の教育施設やシステムに取って代わられるほどには勢力を弱めることもなく,学歴社会／学校歴社会,学校化社会と呼ばれる社会をつくり,またその社会によって自身の存在感を増し,社会の中心に位置し続けてきた。

したがって学校教育のあり方が,わたしたちのイメージの中の「教育」のあり方を強く規定しているということは,当然のことである。さらに,その「イメージ」が実態を強化するという循環をつくりあげていることも,理由のないことではない。現行の学校教育で一般的な教員主体の「教え育てる」という「教育」がわたしたちの「教育」に対するイメージを形作り,そのイメージによってわたしたちは教員主体の「教育」に疑問をもつことなく当然視することになり,そのような実践が繰り返される,という循環がうまれているが,そのことは,学校教育という制度がうまく機能していることの証であるともいってもよい。

(2)「先生」の役割とはなにか

教育とは本来,学習者の学びがあってはじめて成立する概念である。教育は,双方向的な関係性をもつ「教える人」と「育つ人」が補完的に存在し,その立場をダイナミックに入れ替えながら創り上げていく極めて人間的社会的な営為,といえよう。このように考えるとき,「教える人」と「育つ人」は,いわゆる「教育者」と「学習者」というように分けられるものではないが,わたしたちは一般に,教育の内容に熟知していたり,何らかの専門的な

第2章　方法としての教育原理

知識を伝える役割をもっていたりする役割を主として担う方を，教諭免許の有無にかかわらず，便宜的に「先生」と呼ぶことが多い。この意味で，学校教育法第1条に規定される「学校」の教諭以外にも，医師や弁護士，塾の講師や保育士等，一般的に「先生」と呼ばれる職業は多いが，「先生」ときいてイメージするのは「学校の先生」であろう。それは先に触れた「教育のイメージ」と密接に関わっているものだと考えられる。

　そこで，以下では，保育士・幼稚園教諭（以下では，この二つの職種のことを「保育者」と総称する）になることを志望して短期大学に入学した学生の「先生」という職業に対するイメージについて検討してみたい。そのイメージの析出には，直接的に質問するという形ではなく，学生自身が仲間とともに身体を動かして，心を開放するときに，自然な形で表出する気持ちに着目して，「運動あそび」の授業中での言動や，授業後におこなう授業の感想の中から探る，という方法をとる。

　保育者を目指す学生たちの資格取得のための必修の授業の中には，「保育者論」，「幼児教育教師論」といったタイトルを冠する講義があり，知識としては「先生」という職業のあるべき姿を学生たちは知っているはずである。筆記試験でも「理想的な教師像」と問えば模範解答を書けるだろう。しかし，「運動あそび」という授業の中でふとした拍子に零れ落ちるような言動の中の「先生像」を垣間見るとき，残念なことに，そういった知識は頭の中にあるだけで，「身についていない」と感じられることが多い。

　事例として，「はないちもんめ」という童遊びを取り上げ，それを実際にクラス全員でやってみたときのことを紹介しよう。「はないちもんめ」は集団を二つに分け，二グループがそれぞれ列になって手をつなぎ，その歌詞の掛け合いを楽しみながら，リズムにあわせて身体を動かす日本の伝統的な遊びである。その歌詞には地域性があり，出身地を異にする学生たちの間でも違いがみられた。その違いに気づいたときのことである。

　学生たちはそれぞれ，自分が「正しい」と思っている歌詞を大きな声で歌っていたが，違う歌詞を歌う仲間に出会い，地域差に気づいたようである。そのときの感想には，「歌詞が統一されていないとこどもが困るので，

37

先生は正しい歌詞を大きな声で歌ったほうがいい」，そして「みんなが同じ歌詞を知るために，まずは部屋で練習してから，遊びをはじめるのがよい」，さらに「先生は，歌詞カードをつくって，それを見せながら遊ぶなど，みんなで楽しめるようにしたほうがいい」，という意見が提示されていた。

地域差に「正しい」も「間違い」もない。童歌は本来，異年齢児の集団遊びの中で伝承されていくものであり，「正しく」歌えるように練習して，「正しく」楽しむようなものではない。しかし，ここでとくに注目したい点は，学生たちが「正しいこと」を「先生」の主導でこどもたちに教える必要があり，「違い」を「正しさ」のもとで「統一」すべきであると考えているという部分である。歌詞の正誤を気にしながら，遊びに没頭することはできない。没頭できない遊びが，楽しいものになるはずはない。しかし，学生たちは「先生はこどもたちが楽しめるように」，歌詞を「正しく」教えることを当然視している。「先生」の役割を，一つの「正しさ」によって集団を一つにまとめ，導いていくこととして捉えているからである。

(3) 学校教育の孕む矛盾と可能性

近代国民国家における公教育の支柱である「学校教育」の目的は，先にも述べたように，国民育成と富国強兵，殖産興業に資すること，である。

ここでは国民として，つまり，国の労働力として，個人の能力開発が目指されるが，そのとき，その教育は同時に，個人が一人の人間としてのさまざまな能力を開花させることを助けることになる。したがって，そのような教育は，国家権力や為政者たちの非人道性や欺瞞に気づかせる結果を生み，そのような国家や社会の改革を志向する人間も育成してしまう，という矛盾を孕んでいるといえよう。

国家が国民の労働力としての質的向上を目指せば，高い水準の教育を授ける必要が生じる。そして，そのような教育は両刃の刃として機能するが，この矛盾をわたしたちは，わたしたちの手で希望として捉え直し，積極的な意義を見いだしていくこともできるのである。国家による公教育としての近代学校教育が，社会の維持と発展を目的としながら，個人の無限の可能性を引

き出す役割を担っているという，この矛盾の存在こそが，わたしたちが学校化された教育を，自らの手で組み替える可能性，学びを自らの手に取り戻す可能性を担保するからである。

　そのための第一歩として，「教育」を考える際に，また，実践する際に，「教える」ことと，「育つこと」の間に，その「育ち」を「信じて，期待する時間」を挟むことを提起したい。「教」と「育」の間に，信頼と期待の「とき」をもつことは，忍耐と辛抱を必要とする。しかし，その意義を深く理解して，その苦しみを引き受ける人が増えれば，「教育」のイメージと実態はともに，「教えて育てる」ものから，「教えて育つ」ものへと転換していくだろう。そしてこの「学びを自らの手に取り戻すこと」とは，自分の人生の主人公になるということであり，人間として生きるために欠かせない権利なのである。

4．現代教育の鍵概念としての学校

(1) 脱学校論から40年後の学校化社会

　前の節で，現在のわたしたちの「普通」が，それほどに普遍性をもっていないこと，そして「学校」という教育機関が，近代の国民国家成立以降，教育の領域でかなりの幅を利かしていることが確認できた。

　そして今，わたしたちの生きている社会について考えたとき，その教育を特徴づけるキーワード，キー概念はやはり「学校」であり「学校化社会」だと言えるだろう。

　1970年代から，イリイチを筆頭に「脱学校論」が展開されてきた。イリイチは，学校化された社会，つまり，学校の尺度がいたるところで採用される社会に警鐘を鳴らした。しかしその主張から40年以上が経った今なお，社会の学校化や教育の学校化による弊害は，「教育問題」として世間を騒がせ，わたしたちの「生きづらさ」を生みだし続けている。

　そこで，続く項ではとくに，「学校化された思考」を事例として取り上げてみたい。人の内面は，もちろん可視化できるものではないが，冷静な時で

はなく，緊急事態におけるとっさの判断や言動によって，浮き彫りにされるものである。したがって，以下では，保育者になることを志望する短大生の保育所実習において「困難を感じたこと」，そしてそのときに「どのような対応をしたか」という点から，彼／彼女たちの思考の傾向を析出することを試みたい。

（2）保育所実習で出会う「自分」

　ここで取り上げるアンケート調査は，保育所における2日目の観察実習を終えた学生たち（S短大1年次在学中の77名），に対して実施したものである。なお，質問紙作成のために，予備調査として，1日目の観察実習後に数人にインタビュー調査をおこなっている。

　実習中に困難を感じたことの中で最も多かったのは「喧嘩の仲裁方法」であった（37.3%）。続いて多かった回答は「こどもが泣く意味がわからない／泣き止ませることができない」（12%）ということ，そして「言葉が通じない0－1歳児との関わり方」（10.7%）である。

　この「喧嘩の仲裁方法」について付言すると，実際にこどもたちが喧嘩をしている場面において，どのような対応をしたか，という設問には「自分で考えて対処した」が40名（53.3%），「助けを呼んだ」が23名（30.7%），「何もしなかった」が7名（9.3%）であった。

　これらに関連して，実習前に学習しておきたかったことを聞くと，「こどもの気持ちを理解する方法」や「こどもの発達段階」，「具体的な場面をあげて，こんなときにはどのように注意したらよいか」，「悪いことをしたときの注意の仕方」という回答をしている。つまり，自分たちが実習の際に直面している困難は「まだ習っていない」ことに端を発するということ，換言すれば，こどもの気持ちを理解する「正しい」方法があり，そういった「知識」によって問題は解決すると考えている，ということになる。

　これらの回答を総合すると，学生は「知識」を過剰に意識し，一問一答式の「模範解答」を求めていること，そして自分の直面する困難は常に「知識不足」に起因すると考えていることがわかる。そして，それらの問題に自分

が対応できなかった理由は「まだ習っていないから」であり，「仕方がない」というように他責傾向を示し，自分を守ろうとしていることもうかがえる。ここに自分の思考の枠組みから逸脱する「理解できないこどもの言動」を目の当たりにして，困惑し，立ちすくむ学生の姿を垣間見ることができよう。

　これまで，彼／彼女たちは，授業や課題に取り組もうとするとき，自分にとって「意味のわからないこと＝要らない」とし，「役に立たないもの」と切り捨てることで，「理解できない自分」に向き合うことなく，自身を死守してきた。したがって，多くの学生たちにとって，「理解できない／意味のわからない存在（＝こども）」と関わらなくてはならないことは，自己の存在を揺るがすほどの恐怖なのである。

(3) 学校化した思考

　学生たちの多くは，「（勉強は嫌いだけど）こどもは好き」で「こどもと関わる仕事に就きたい」と希望し，それは「自分の適職」であるはずだ，という期待を抱いて，幼少期から保育者を目指してきた。

　しかし「こどもの良き理解者になりたい／なれる」という予想に反して，「自分の尺度の範疇を超えるこども」に直面し，「こども」を理解できない自分に気づき，戸惑っている。このときすでに9名（12％）が「保育士になりたいと思えなくなった」「自信を無くした」と回答している。この数字は学生の受けた衝撃の強さを示しているように思われる。

　そこで学生たちは，大好きなこどもたちの役に立てなかった経験／拒絶された経験を，自身の人格の否定ではなく，「知識の問題」として捉えようとして「模範解答」を求めていくことになるのである。

　このことは即ち，学校教育において常に言動の「意味」を問われ続け，解答のある問題に囲まれて，「正答」することを強いられ続けてきた学生たちの「学校化した思考」が，「こどもをありのままで受容すること」や「心に寄り添う保育」の重要性を知識としては「知っている」のに，実践としての言動と結びつかない，ということとして顕在化する。それは例えば，乳幼児が泣くことの「意味」を，無意識のうちに「解釈可能なもの」として理解し

ようとし、「教えてほしい」と願うこととして表出するのであろう。

（4）知識と乖離する身体

　保育者を目指す学生にとっての実習は、既存の文化から逸脱し、破壊し、新たな文化を創造する主体である「こども」の不思議な言動を、大人の文脈で解釈しようとしてしまう自分に気づく経験なのだといえよう。そういった「大人の理論」とそれを超える「こども存在」との矛盾の中で、「こどもとは何か」、「自分とは何か」、「保育とは何か」といった答えの出ない問いを一身に引き受けることなのではないだろうか。

　学生たちは皆、保育者として最も重要なことは「こどもの心に寄り添うこと」だと、知っている。しかし、例えば、指導案を作成するときに、多くの学生は「（こどもに）○○させる」という書き方を繰り返す。授業で「保育の現場では常にこどもが主人公だから、保育者が主語になるような『○○させる』という書き方はしない」と注意し、具体的な書き方として「○○できるように促す」という書き方を示して、何度も彼・彼女たちが書いたものに朱を入れても、なかなかその「癖」は直らない。「食べさせる」、「片づけさせる」、と保育者を主語にした文章を書いてしまうのである。

　これは単なる「言葉づかい」の形式的表面的な問題としてではなく、学生の内に潜在する根本的な考え方を表出するものだと捉える必要があろう。つまり、この「間違い」が示しているのは、学生の中にある「先生」と呼ばれる人の態度、すなわち、「先生」というものは、誰かに「○○させる」ものである、という考え方が潜んでいるということである。このことは逆に、学生たち自身の学びにおいて、「先生」が主体であり、自分たちは客体である、ということも示しているといえよう。

（5）学びの主体性を取り戻すために

　困難を直視し、自分の戸惑いの根源に向き合うことや、無意識のうちに繰り返してしまう言動の中にある「学校化」した自分に気づくことは、学びの主体性を取り戻すための第一歩である。

とくに初回の実習での「戸惑い」や何気なく繰り返してしまう言動には，何らかの理由がある。その理由を丁寧に探ることは，それまでの学校教育によって「学校化」された学生自身の考え方の枠組みや感じ方そのものについて見つめ直す契機となり得る。異質な他者であるこどもと向き合うことによって見知らぬ自分に気づき，また，自分が書いたり，話したりしたときに出会う言葉によって表出する自分に気づくことは，「こどもを理解するため」に，また「こどもの心に寄り添うため」に不可欠なものである。

なぜなら，わたしたちの考え方の傾向はそもそも自覚的でない部分に依るところが大きく，その無自覚な部分が個々人の「考え方のフィルター＝先入観」を形成しているからであり，さらに「こどもの心に寄り添うため」には，そこで自覚した自分の考え方をいったん横に置き，寄り添おうとする者の心を「そのままに受容すること」を必要とするからである。

この「心に寄り添う」ための「受容」については，教員側も，学生と同様，胸に手をあてて内省せずにはいられない。例えば，教員は，保育者養成校での実習指導の際，実習前に身に付けておくべき事項についての習得に懸命になるあまり，実習に臨む学生たちが直面し，困難に感じている心のケアという側面が蔑ろになっていないだろうか，と問い直してみなければならない。

「こどもの主体としての思いや願いを受け止めること」（保育所保育指針）ができる保育者育成を目的とする保育士養成校であるならば，学生たちを主体として尊重し，彼／彼女らに寄り添う教育を追求すべきことは当然である。例えば教員が，学生たちに「〇〇させられている」と感じさせるような関わり方をしているとすれば，学生の「先生＝命令をする者」として刷り込まれ，いくら「指導案に『〇〇させる』という表記はしない」といってもあまり意味はない。

学生たちもまた「言うようにではなく，するように育つ」。このことを肝に銘じ，学生の困難をありのままに受容し，個と個の信頼関係を構築しながら，彼／彼女らの潜在的な自己承認欲求や学習への意欲を掘り起こしていく必要があるだろう。それが学生たちの学びを先導し，支援しつつ，「学び方」，「生き方」の模範となる「教師」の役割なのではないだろうか。

むすびにかえて

　「教育を学ぶこと」は，自分自身の考え方，つまり，思考の枠組み，について学ぶことである。わたしたちは自分の思考の枠組みを通してしか世界を認識できない。自分は認識できるもの，興味のあるもののみを認識し，その枠の外にあるものについては，その存在にすら気づかない。
　しかし，わたしたちは「自らの思考の限界」を理解することによって，自分には「計り知れない，予想もつかないようなこと」が「ある」ということ，わたしにはよくわからないけれども「ある」ということ，を知る。
　そうしたとき，「自分には想像できないことの存在」に思いを馳せ，未知なるものに思いを寄せることが可能となる。そしてそれは，自分とは異なる思考の枠組みをもつ「他者」の存在を想像することによって意識し，その自分の理解を超える存在としての「他者」，異質で不気味な「他者」という存在を理解したいという内発的な動機づけにつながるものとなる。この「理解したい」という意思こそ，コミュニケーションへの欲求であり，学びへの原動力となる。
　理解不能なものの存在を受け入れることは，心地良いものでない。しかし，「理解し得ない」ということを覚悟しつつも，「少しでも理解したい」という希望を抱いて，コミュニケーションを図ろうとする態度の根底に生じるのは，諦観ではなく，謙虚さなのだろう。自分は「相手を完全には理解することができない」というある種の謙虚さが，相互理解に至るための「（自分の解釈を加えずに）相手をありのままに受け入れること」へのもっとも確かな方法なのではないだろうか。
　本章の目的は，教育を「学ぶ」ことによって，自分を知り，他者を理解する一助とするためのスタートラインに立つことであった。「教育原理」という科目の究極の目的は，「教育を学ぶこと」を方法／手段として，自分の受けてきた「教育」によって大きく影響されて築き上げられた「自分の考え方（＝思考の枠組み，先入観）」に気づき，それに強く左右されるものの感じ方・捉え方を含む「生き方」についての省察を促すことなのではないだろうか。

とくに、「教育原理」を学ぶことは、現代日本において「教育の主流」として圧倒的な存在感を放つ「学校教育／学校化社会（人々に優劣をつけ、学校的な尺度による人々の序列化を合理的なものとして当然視する社会のあり方）」によって傷つき、内に閉じてしまったり、逆に、より弱い者を探し出して攻撃的になったりすることによって自分を守ろうとするこどもたちや若者たちが、学校教育およびその経験を相対化するための一助たる可能性を秘めているのである。

　さまざまな「生きづらさ」を抱える学生たちが、その辛さの理由の一端が「教育」にあることを知るならば、自分の「教育経験」を客観化することによって、しばらくはその辛さを抱き続けなければならない（＝辛抱）が、それを制御可能なものとして相対化することができる。そのとき、その辛ささえもかけがえのない自分の一部として引き受ける覚悟につながるのではないか。そして将来的には、そうやって自らの「教育経験」を客観化した学生たちが教育に携わる際に、自らの手で「こどもが主人公となる教育実践」を創りだすことを通して、教える者と学ぶ者が動的に入れ替わる双方向的な「教育」を生みだし、「脱学校の社会」を構築していくのだと思う。

　「学び合い」という概念を教育実践の中核として位置づけ、教育と学習のダイナミックな相互関係が生みだす喜びや感動を体感することによって、自分が受けてきたのは抑圧的一方的な「教育」であったとしても、自らの教育観を再構成できるはずである。そして、それは過去を乗り越え、現在と未来の自分を、そして過去をも「教育」によって変革することになる。

　教育者にとって最も重要で、最も困難なことは、「教育」によってどんな人にも「変わる可能性」があることを信じ、その可能性が開花することを辛抱して、待ち続けることである。ここで「どんな人にも」という限り、そこに自分が含まれることは言うまでもない。自分が変わる可能性を信じられないということは、例外をつくることと同義であり、「どんな人」に対しても信じて期待すること、と矛盾をきたす。

　「自分の可能性を信じることは、そのまま相手の可能性を信じることにつながる」。この言葉を自分自身にも言い聞かせながら筆をおきたい。

保育者とコミュニケーション

渋谷郁子・小島佳子・山野栄子

　このコラムに目がとまったあなたは，保育士や幼稚園教諭になろうと考えている学生さんなのかもしれませんね。保育職に就く上で，あなたは何が一番大切だと考えますか。いろいろな遊びを知っていること？　それとも，楽々とピアノが弾けることでしょうか？

　保育者は「保育の専門家」だと考えられています。保育とは，乳幼児や児童を保護して育てることをいいます。つまり，保育者は，子育てのプロというわけです。何となくわかったような気もしますが，でも，それって一体どういうことなのでしょう。たとえば，シェフならおいしい料理を作ることが，お医者さんなら病気を治すことがプロの証です。このような，プロのプロたる所以のことを専門性といいます。では子育てのプロは，どんなところにその専門性があるのでしょう。一口に子育てといっても，その中にはさまざまな仕事が含まれています。その一つ一つに秀でていることでしょうか。あるいは，賢いこどもを育てるというように，成果主義で考えればいいのでしょうか。ここに至って，どうやら保育者の専門性は，一言では語れないらしいことが見えてきました。

　鈴鹿短期大学生活コミュニケーション学研究所では，2013年11月16日にミニシンポジウム「『特別支援』が求められる時代における保育者の専門性とは」を開いて，保育者の専門性について，いろいろな人たちと共に考える機会を持ちました。このシンポジウムを通して，現代の保育者に求められる専門性について，三つの観点が示されました。

　第一に「共感し，応答する」ことです。皆さんの中には，小さなこどもは大人ほど話さないから，同世代の友達とコミュニケーションをとることは苦手でも，こどもとなら大丈夫だと考える人もいるかもしれません。でも，実はコミュニケーションというものは，大人相手であろうとこども相手であろうと，その基本は変わらないものです。それが「他者に共感し，応答する」ことなのです。特に乳幼児はことばが未発達な分，大人に接するよりも丁寧に，その行動や表情からこどもの気持ちを推測し，こどもの「ことばにならないことば」を代弁することが求められます。また，そのようにしてとらえたこどもの思いを受け止めて応答

しながら，こどもの心に寄り添っていく必要があります。
　第二に「『今ここ』を共に生きる」ことです。保育者はこどもを育てるのが仕事ですから，もっといろいろなことができるようになってほしい，一年後にはここまで伸びてほしい，そんな思いをもってこどもと接します。そしてこどもに新しいことができる力がつくと満足や自信を感じ，こどもの中に成長が見えないときに焦りや虚しさを感じます。しかし，こどもの姿を「できる，できない」だけでとらえていると，こどもを自分の願った方向に変えようとして，こどもに圧力をかけてしまうことにもなりかねません。こどもは行きつ戻りつしながら育っていく存在です。焦らず，抱っこしたり手をつないだり，一緒に遊んだりしながら，こどもと「今・ここ」を楽しんでほしいと思います。「明日」のために，二度と帰ってこない「今」を軽んじてはなりません。こどものそばで，その揺れをも包みこみながら，願いをもって待つことが大切です。
　第三に「こどもとの物語をつむぎ，語る」ことです。何のことだかよくわかりませんね。たとえば初めて保育園にきたこどもを受け入れる場合を考えてみましょう。最初はあなたとこどもの間には何のかかわりもありません。母親から抱き上げるあなたを嫌がって泣き叫ぶかもしれません。けれど，１週間，２週間が経つうちに，あなたとこどもの間には様々な物語が書き込まれていきます。部屋に入りたがらないこどもにつき合って一緒に歩いた廊下，ふいに興味を示した遊び，ようやく食べてくれた給食……。半年も経つ頃には，お互いに何となく気持ちが通じ，理解し合える関係ができあがっていることでしょう。このように，保育者は日々，こどもと過ごす中で，こどもと自分との間で共有できる世界を作っていきます。それが「こどもとの物語をつむぐ」ことです。しかし，物語をつむぐだけで終わらせてはなりません。その物語を同僚の保育者に語って聞かせるのです。人に話して聞かせることで，一層こどもの理解が深まります。また，「あの子はこんなことが好きなんだよ」と話すことで，多くの人にこどものことを理解してもらうことができます。こどもとの物語を，豊かに語っていくことが大切です。
　これら三つの観点は，何も特別なものではありません。誰もが経験するコミュニケーションを，より丁寧に，意識的に行うことといってもよいでしょう。ピアノや製作の技能を身につけることももちろん大事ですが，私たちは，こうした基本の「き」が，保育者の専門性の肝だと考えています。どんなときも誠実にこどもと向かい合える，子育てのプロになってください。

第3章

養護教諭の男女の共働
——こどもたちの支援充実のために——[1]

川又俊則

はじめに——「男だって」という先生

　2011年2月19日，読売新聞東京版夕刊（およびウェブ版）に「男だって保健室の先生」というタイトルの記事が掲載された。私たちが「保健室の先生」で女性を連想するのは，全国で約4.2万人（2012年）いる養護教諭のうち，男性はわずか46人（養護教諭（＝正規）と養護助教諭（＝臨時採用）の合算，0.1%）しかいないからである（図1）。同記事は，NHKのドラマ

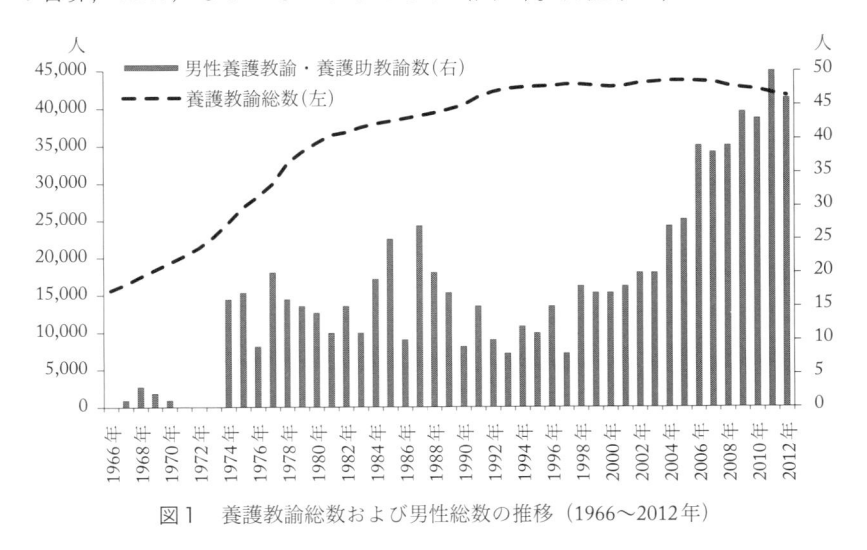

図1　養護教諭総数および男性総数の推移（1966～2012年）

(「中学生日記」2010年6月放映),ネットワーク「男性養護教諭友の会」(同年8月発足)も紹介し,徐々に「男性養護教諭」が「市民権」を得はじめていると述べられていた。だが,0.1％の割合で「市民権」とはとても言えまい。女性の従事者が多い職種に,看護師や介護職員などが広く知られている。養護教諭はそれらの職種と類似しているだろうか。

　筆者は,2007年から男性養護教諭(元職,現職,志望者)のインタビュー調査をしている。本章では,女性の従事者が多い職種で男性を対象にした先行研究とそこで得た知見を比較する。結論を先に述べるならば,保健室でこどもたちの支援にあたるには,男女それぞれの養護教諭が活躍できる場があった方がいい,ということになる。どのようにこの結論にたどり着いたのか,順番に説明していこう。

　まず,女性の従事者が多い看護師・介護職員・家庭科教諭を対象にした先行研究の知見を示す[2]。続いて,養護教諭・養成課程の現況,ある男性養護教諭先駆者のライフヒストリーを提示する。そして,筆者のこれまでのインタビュー調査で得られた語りを,彼らの成長過程で区分けしつつ紹介し,考察していく。

1. 女性の従事者が多い職種と男性を対象にした研究

　本節で取り上げる,看護師,介護職(介護職員・介護福祉士),家庭科教諭は,いずれも女性の従事者が多い職種である。男性は,看護師で5.7％(2010年国勢調査),介護福祉士で20.4％(2005年登録者),家庭科教諭で高校男性教諭の0.1％(2010年学校教員統計調査)である[3]。いずれも近年,男性従事者が増加し,調査研究も蓄積されている。各々の歴史と調査結果を概観し,共通点を確認しよう。

(1) 看護師
　近代以前の看護は,近親者や使用人などに担われていた(山崎2011)。明治維新以降,軍隊で必要とされ,男性が「看護人」として働いた。日本赤十

字社が1890年に看護婦養成を始めると，看護の女性化が進んだ。人道的処遇が唱えられるも，ときに暴れる患者を力で押さえる役割から「救助人」と呼ばれる男性が精神病院に勤務した。その後，病院看護が普及し法整備もなされた。1915年に看護婦規則が制定され，男性看護職は「男子タル看護人ニ対シテハ本令ノ規則ヲ準用ス」と附則で示された。その後，「看護人」が「看護士」と変更されたのは，1968年に保健婦助産婦看護婦法が改正されたときである。そして，2002年に男女同一名称の「看護師」となった。

　第二次世界大戦後，男性看護職は主に精神科で勤務し，その後，手術室，ICU，一般病棟などへ職域が拡大された。近年の看護専門誌には，男性看護職の特集がしばしば編まれ，現職者たちの声が掲載され，多様な立場にいる彼らの悩みや現況が描かれている。一般病棟勤務者が増加するなかで，「女性の羞恥心を伴うケア」への実態調査もなされた（藤野2006他）。男性患者に対する女性看護職のケアの問題と同等であり，異性であることの意識と配慮，スタッフの男女バランス配置などで解決可能との主張もある（百田2011）。他方，看護師同士の間では，力仕事や機械類に強い・判断力での業務評価と役割期待の高さが認識されているとの指摘もある。

(2) 介護職（介護職員・介護福祉士他）

　人の世話と女性役割を結びつけた社会規範から，ケアワークには女性の従事者が多くいた。家政婦（労働行政管轄）と家庭奉仕員（後のホームヘルパー，厚生労働行政管轄）統合化の議論を展開した岡村清子は，前者が1950年代の戦争未亡人対策の一つの職業養成，後者は寡婦対策の側面があることを紹介しつつ，両者が女性にとって経済的自立の可能な就業分野だったことや，介護保険への制度変更が，両者を統合しつつある現況を示した（岡村2003）。

　介護職員6人へのインタビュー調査からは，「利用者との関係」「施設の社会性の維持」「社会への影響」で，介護における男性の存在意義が示された（石川2000）。ケア利用者12人への介護職員について尋ねた質問紙調査からは，身体介護や排泄介助で同性を希望する者がいたものの，全体的な感想で

は，介護などは「丁寧にやっていればどちらでもいい」との回答が典型だった。現場で多くの介護職員が，職種変更をともなうキャリアアップを目指しても，適切なポストが得られにくい環境から，長期雇用を前提とし将来は管理職になることが期待される男性とそうではない女性というジェンダー（社会的性差）による格差が散見するとの実態報告もあった。

（3）家庭科教諭

かつて家庭科は女子のみ履修の科目だった。男女共修は1993年から中学で，1994年から高校で実施され，20年ほど経過する。教育内容や教科書，生徒の意識調査などによれば，女子のみ履修時代に創られた女性イメージが残り，ジェンダーの再生産としての働きがあると指摘される。家庭科免許を取得できる大学は，女子大学が6割を占め，結果，男子生徒の選択肢は限られ，教師配置の性別比率のアンバランスは，先述の通り現在も続いている。

男性が家庭科免許を取得するには，①養成課程を卒業，②科目等履修生もしくは通信教育課程などで取得，③一部自治体が実施した認定講習事業で取得，などのケースがある（堀内2013）。1992年に「家庭科教員をめざす男の会」ができた（その後，約10年で休会）が，その世話人で上記②により英語科教員から家庭科へ転身した南野忠晴へインタビュー調査を行った小高さほみは，会報や関連資料も踏まえた考察をまとめた（小高2006）。そして，ジェンダーバリアーを乗り越えようとした南野の問題は，個人の努力と周囲の理解で解決できるレベルではなくマクロレベルのものであり，男性女性という二項対立から脱却することが必要だとの結論が示された。

生徒への意識調査，男性教諭へのインタビューなどから，男性家庭科教諭の存在は，生徒たちに「男性も調理，裁縫ができる」意識を抱かせ，男子学生に家庭科が「自分には関係ない」科目から興味を持つ科目へ転換させていることも述べられていた。ただし，男性教諭自体は急増しているわけではない。

（4）3つのポイント

先行研究群のポイントを，筆者なりに大きく3つにまとめる。

1つは，患者・ケア利用者自身より，本人および同僚・管理職などこそ，男性・女性というジェンダー意識が強いことである。もう1つは，それぞれ専門職として，既存の「男性性」を変容させる可能性があり得るということである（矢原2007）。そして最後に，同じ教員として家庭科教諭に男性が急増していない状況と近い関係にありそうだということである。

もう少し詳しく説明しよう。まず，1つ目だが，例えば看護師や介護職において，身体介護や排泄などの処理は不可欠である。患者・ケア利用者にとって，異性の対応で気遣う部分もあり得る。だが，全員が強く意識するのではなく，利用者たちは性差より個人差の意識が強いとの結果も示されている。2つ目は，職業としての専門性に対して，力仕事・機械類に強い・何でも屋など，性別役割期待としての若干のプラスアルファが看護師・介護職などの調査結果からも見られる。介護については男性がすべきではないとの意識もかつてはあったようだが，専門職として，性差より専門性が重視されるように周囲の意識も変化している。3つ目は，同じ教育の現場でジェンダーの問題を考える際に，家庭科教諭の研究は大いに参考になるということである。

現在，全体の0.1％しかいない男性養護教諭が，看護師・介護職と同じような拡大の道を進む可能性があるか，家庭科教諭のように微増に止まるか，即断はできない。前者は離職率が高く，男性を受け入れやすかった部分もあるだろう。後者のように，養護教諭も教員採用試験に合格し採用されれば，まず経済的困難に陥らないだろう。いま確認したように，男性・ジェンダーをテーマにした先行研究の知見は，養護教諭でも大いに関連する内容が多かった。

2．男性養護教諭の先行研究と先駆者

(1) 男性養護教諭の現状と先行研究

本節以降，男性養護教諭について議論していこう。

最初に現況を確認し，先行研究結果を概観する。その後，筆者がインタ

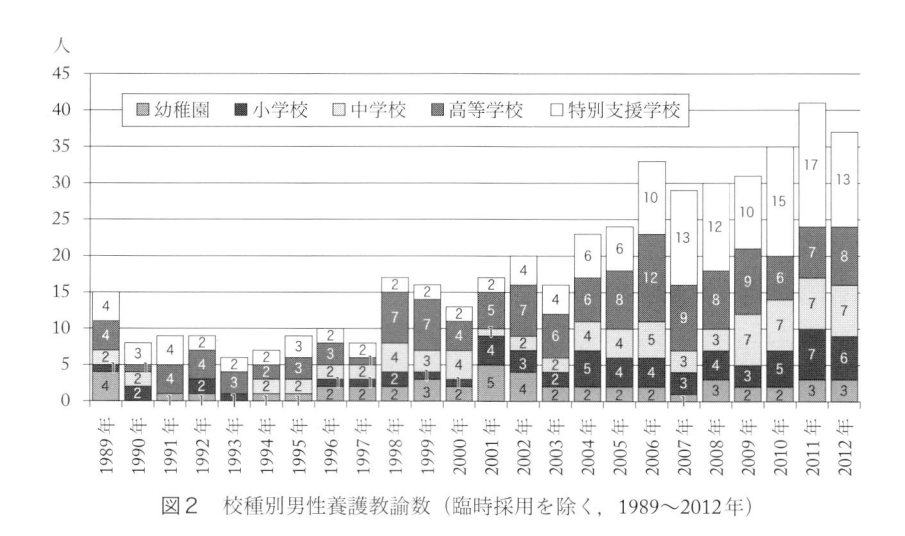

図2　校種別男性養護教諭数（臨時採用を除く，1989〜2012年）

ビューしたうち特別支援学校で20年以上もの教員経験をした人のライフヒストリーを，先駆者の例として紹介しておきたい。

　学校基本調査報告によれば，2012年度の「保健室の先生」は約4.2万人いるが，正規職たる養護教諭の男性は約3.9万人中37人に過ぎない。彼らの校種別の人数は，特別支援学校（13人），高等学校（8人），中学校（7人），小学校（6人），幼稚園（3人）である（図2）。現在，男性の養護教諭は特別支援学校と高校に多い[4]。

　学校看護婦から始まる養護教諭に女性が多いのは当然である。学校基本調査によれば，1967年に男性養護助教諭が初採用され，翌年養護教諭第1号が誕生したことになっている。1970〜1990年代は10人前後で推移し，養護助教諭を加えると20人以上になる年もあった[5]。2000年代に入っておよそ10年間で，倍増以上になっている。

　現在，全国各地の養成課程校では，数人〜十数人（悉皆調査できていないので何人かは不明。男性養護教諭友の会の研修会には毎年志望する学生が数人参加）の男子学生が，女子学生たちと一緒に養護教諭を目指し，勉学に励み，教員採用試験を受けている。彼らを対象にした（主に養成課程校の教員たちの）研究，彼ら自身による修士論文や卒業論文などでの研究も1980年

代以降，幾つも見られる。ただし，実際に働いていない男性養護教諭のイメージを推察した研究もある。教育委員会を対象にした調査では，採用実績があるはずなのに「採用なし」との回答もあり，そのことで教育委員会側のジェンダー意識度の低さも示された（津村他2010）。現職男性養護教諭8人対象の質問紙調査では，採用試験時に差別・偏見を感じたとの回答もあった。

現職の女性養護教諭調査の結果は，男性の採用にやや肯定的だが，必要性を感じない人が半数以上，他の質問項目と比べ「わからない」が多いことから，存在を想像できない人や，関心が薄いと推察される。男性は「女子への対応に課題がある」との認識を多くの女性養護教諭が持っていた。これに対し，児童生徒たちは，男性養護教諭を好意的に受けとめていることが幾つもの調査で示された。とくに，男子学生実習生を受け入れた学校と，他の学校との比較で，男女複数の受け入れは，男性養護教諭の存在を目にした場合に，より受容的な可能性があったという。

このように，女性の従事者が多い職種の調査結果で示されたものと重なる部分が見られることがわかった。

(2) ある先駆者のライフヒストリー

20年以上も男性養護教諭として働いていた，ある1人の男性のライフヒストリーを紹介し，以降の議論をスムーズにイメージできるようにしたい。

1956年，東北地方のある県に生まれたX氏は，教員を目指し，隣県の養護教諭養成課程のある大学に進学した。大学1年の環境問題（公害）調査で障害や差別に関心を持つ。同大学にはもう1人養護教諭を目指す男性（同年齢）もおり，2人とも教員採用試験に合格し，（養成校のある）同じ県で勤務した。

X氏は1982年に新設の特別支援学校（知的障害，当時養護学校，以下同じ）へ赴任。その際，大学時代の教育課程では，現場（保健室・学校）の日常の仕事は全く学んでいなかったことに気付く（このことは，以後，後輩たちへ必ず助言をしている）。事務処理，安全対応だけではなく，教員の健康管理や保険のとりまとめも期待され，先輩・同僚の助けを受け，日々新たな

仕事を覚えていった。

　1985年，県内に新設された特別支援学校（知的障害）に赴任して9年勤務。次に1994年，他の特別支援学校（肢体不自由）へ転勤。1995年，ある新聞の特集（男性が少ない職種で活躍する人）に取り上げられ，後に学校保健関係専門誌でも紹介される。

　2001年，病院併設の特別支援学校に転勤したが，大学院修学休業制度の利用を考え，2002年11月に大学院を受験，合格し翌年より2年間学ぶことになる。この時代，その大学の学部に男性志望者がおり，彼を励ます役割も（結果的に）した。自らのそれまでの関心以外にも，精神科，多重人格，PTSD（心的外傷後ストレス障害）などについて，大学院に入ったことにより深く学ぶことができた。修士論文では，「医療的ケア」の実態を調べてまとめた。

　現場復帰後，2005年からは2年間，「保健」の授業も担当した。

　2007年，新設の特別支援学校（知肢併設）へ転勤。2年間勤務した2009年3月に退職。その後，訪問介護員2級の資格を取得，深めたいと思っていた福祉の勉強をした。東日本大震災前後から，県内過疎地域への支援活動も行う一方，期限付講師への強い誘いも受け，普通科の私立高校などの保健室も担当した。

　このように，彼は退職前まで，県内各地の知的障害や肢体不自由などの特別支援学校5校を経験（多くは新設に赴任）してきた。その結果，「地域保健」を常に考えた教員生活だった。また，言葉によるコミュニケーションが困難な状況も多く，日常の観察などが重要であり，その部分も鍛えられた。そして，例えば「畑で誰々が倒れた」というときに，誰がどう動けばいいのかなど様々な場面を想定し，自らと担任・他の教員・管理職との連携がスムーズにいくように訓練も何度となく行った。自らは「動けるところ，体力的なところを頼りにされていた」と回顧する。特別支援学校では，保健室だけではなく，一般教員も複数配置で担当することも多く，常に教員間の連携が必要であり，保健室だからと特別に性別にこだわらない先生方の中で仕事をしてきた。担任団と相談しながら，思春期を迎えるこどもたちに，「性」

のことをしっかり教えることにも尽力した。

彼の出身大学には男性の後輩が何人もいたが，免許状を取得できても，数回教員採用試験に落ちた後に，小学校（同大学では小学校教諭免許も同時に取得可能）か一般企業へ行くケースが多かったという。また，「管理職次第だが自分は恵まれていた」のではないかとも述べている。

以上，養護教諭として保健室を通じて児童生徒の健康維持を目指し続け，また，組織の一員として複数配置を含め周囲と連携してきた教員の姿（の断片）が示されたであろう。

3．男性養護教諭たちのキャリア

(1) 調査対象と調査方法

筆者は，2013年夏時点で34人の男性養護教諭（元職，現職，志望者）に，それまでのライフヒストリーをうかがうインタビューを実施している（表1）。筆者は次のように対象者を選定した。

まず，1998年より共学化した筆者の勤務校男性卒業生（正規採用は2013年時点でゼロ）のうち，（教え子だった）臨時採用勤務者へ直接連絡をとった。それ以外は，新聞記事や大学の紹介ウェブサイトなどで特定できた対象者にインタビューを依頼し，快諾いただいた方に調査した。多忙他，様々な理由でインタビューに応じていただけなかった人もいる。2008年に最初の

表1　インタビュー対象者の主な属性（インタビュー実施時）　　（人）

勤務校種		経験年数 （臨時採用別途）		年代		養成課程 （免許取得）		勤務状況		配置	
なし	5	なし	3	20歳代	20	短期大学	2	正規職	19	なし	5
幼稚園	1	臨時採用のみ （教採合格含む）	10	30歳代	11	学部	20	臨時採用	8	単数	5
小学校	5	1年	4	40歳代	0	大学院	6	学校関係	4	複数	22
中学校	3	2〜4年	7	50歳代	2	特別別科等	5	他業種	1	退職	2
高等学校	8	5〜9年	7	60歳代	1	通信教育	1	退職	2		
特別支援学校	10	10〜19年	1								
退職	2	20年以上	2								

論文を刊行。その後，養護教諭担当教員や現職者などの紹介で多くの人びとに出会えた。先述の男性養護教諭友の会にも，筆者は2010年以降，毎年参加し（2回目には講師も務めた），その参加者に，後日改めてインタビューしたケースもある。

　インタビューの場所は，勤務校の保健室・会議室・応接室の他，喫茶店・ホテルロビーなど，対象者の都合に合わせて設定した。時間は1～3時間，全員録音の許可をいただけたので，それを文字起こしした。複数回インタビューした人もいる[6]。

　表1で明らかなように，校種も幼稚園から小中高・特別支援学校，経験年数も臨時採用のみ・1年目・2～4年目・20年以上など，養成課程も短大・学部・大学院・特別別科・通信教育，配置も単数・複数と様々なタイプだった。40歳代はおらず，20歳・30歳代の若手・中堅および，退職を含めた50・60歳代のベテランそれぞれからお話をうかがっている。表には示せていないが，北海道から東北・関東・中部・近畿・中国・四国・九州と，各地域の人びとの所に赴いた調査であった。

　すでに（研究として）学会での発表や養護関連の専門紙誌，新聞など様々な媒体において，ご自身で何らかの発言をされている方々もいる（それらの一部は川又他（2012）で紹介している）。本章ではそれらから引用はせず，今回のインタビューから抜粋し（方言など文章は一部修正を加えたものもある），彼らの葛藤とその対応などを示す（匿名性を確保するために引用した語りの後に，調査日と校種のみ記した）。

(2) 最初の困難とギャップ

　養護教諭を志望する動機は，他の女子学生と大きく変わらないだろう。現職者の言動に憧れたり，教育・医療双方に関わりたいと思ったり，健康に強い関心を持っていたり，自ら養護教諭に助けてもらった経験があったりする例が見られた。看護師から転じた人もいる。養成課程において彼らは，マイノリティとして学生生活をおくっていた。

多くの人から「考え直せ」と言われました。「男の採用はないからやめたほうがいい」という意見でした。(2010.8.17，高校)

　このように，養護教諭を希望する彼らは，教員採用試験という関門の前後で，自分自身が少数派であり，将来の厳しい状況を予感する。

　教養や専門の筆記試験で，飛び抜けないと話にならないというか，安心して採用できないという気持ちで受験に備えました。(2010.12.19，特別支援学校)

　教員採用試験に対して，多くは他の女性養護教諭と同様，何度も受験している（5回以上の受験を経て合格した人も，現役合格もいた）。不合格したときは，他の女子学生のように臨時採用での勤務を志すが，講師登録してもレスポンスが全くなかった経験を持つ男子志望者たちは多い。

　臨時採用を男だからと断られた経験もあったので，実際はなかったかもしれませんが，（教員採用試験で不合格が続くのは）男だからかも……と考えたこともありました。(2011.3.7，特別支援学校)

　合格して勤務地に赴任すると，初めて男性養護教諭に会う同僚教員たちには，「どんな人か」と心配される。

　初の職員会議で私が「男性で至らぬところもありますし，先生方にお願いすることもあるかもしれないですけど，そこは嫌と言わず，ぜひ『はい』と言ってください」と少しおどけた感じで言ったんです。すると「こういう先生なんだ」って（雰囲気が）変わったって，（相方の先生に）言われました。(2010.8.17，高校)

　（中学校での臨採期限を終え，産休代替で次に）小学校行ったとき，「最

初は『えー』って思ったけど，でも，（その後一緒に仕事をしているうちに）『普通』って思った」って，後で言われました。(2012.12.12，小学校)

彼らの「人となり」が，同僚にある程度理解されると安心される。だが，女子への対応については心配される。

　校長先生に言われていたのは，「誤解されるようなことはとにかくしない」。でも一般教員も男性がいますから，養護だから気を付けるというより，男性教員の一人として，「普通」に対応しています。(2011.7.1，中学校)

異性への対応に関して周囲は一様の反応ではない。しかし，こどもたちは，ごく自然に彼らを受け入れ，男子生徒たちには保健室の壁を低くしたようだ。

　2，3年生の女の子も，普通に「生理だからナプキン頂戴」とか，廊下ですれ違うときに言ってきます。(2012.10.12，高校)

　僕自身はそんなに感じないんですけど，相方だったベテランの先生からは，「男の子の来室者数が増えた」，「すごく気さくに（保健室に生徒が）入って来れるようになった」って仰ってました。(2011.2.1，特別支援学校)

　（研修等とそれまでの経験で）男子の方に課題が大きいと思って，（宿泊学習前に行う保健指導では）男女で分け，男子には僕が，突っ込んだ話をしたんです。すると，真剣に聞き食いつく子も多く，後から個別に質問に来た子もいて，やってよかった実感があるんです。(2011.2.21，小学校)

複数配置校に配属される場合，そのペアの相手は，当然ながら女性である。しかもベテランの場合が多い。彼女たち，あるいは養護教諭の研修会などの反応で，以下のようなものもあった。

研修会で扉を開けると（中にいた人が）「来たっ」と（いう視線）。僕は端で座ります。(2011.2.6，小学校)

　年に数回，県内の養護の先生方が集まる研修会がちょっとしんどかったですね。200人以上の会場で，男性が一人ポツンと座っていて目立つ。話しかけてくれる人は私を知っているんですけど，こっちは「どなたでした？」みたいになることがあって，壁ができていました。(2011.6.17，小学校)

　肩身の狭い思いをしたり，いきなり前に出されたり，困った経験もあるが，彼らはそれを一つひとつ乗り越え，成長していく。
　小学校や定時制高校などで単数配置を経験する者もいる（臨時採用時含む）。だが，大きな問題はない。経験値の浅い養護教諭ゆえの小さな失敗を肥やしにし，多様な対応・連携ができるようになっていく。

(3) 成長過程でのキャリア形成
女子への対応については，それぞれの場で自ら工夫する。

　内科検診，心電図検査，衣服の中の傷害，身体の異状などに関して，基本的には異性間の対応はしません。せっかく，複数配置で異性がいるので，（外科的処置は），同性の人間が診ることに意味があると思っています。(2012.10.21，小学校)

　たとえば，骨折しているかどうか確かめるために，手の指に触るとき「（患部を）押さえるけどいい？」と確認するのは，男子でも女子でもしています。自分が男だから余計にそういうのを気にしているのかもしれないですけど，はじめの頃から心がけてきました。(2011.2.21，小学校)

　男の子で大事な急所を打ったとすると僕のところに来ます。生理用ナプ

キンを欲しい女の子で，僕だけしかいなくてもじもじしている場合，「女性の先生がいいの」「うん」「ちょっと待ってて」と応じてます。(2008.9.10，高校)

外部の人間が気にする点については，例えば，上記のような対応がとられている。もちろん，それは複数配置における指導や，彼ら自身の経験による経緯などの結果である。

「男性で困ったことはありませんか」って養成課程の（女子）学生からよく質問があるんですけど，逆に「女性だから困ったときはありませんか」と私から質問してみます。私たちも，本人のプライバシーとか気持ちを尊重して，もちろん，踏み込めないラインというのもあるので，それを理解して，恥ずかしがる子には配慮した上でやっていけばいい。(2008.8.28，高校)

講師などを含め，10年以上も経験を積むようになると，その経験から様々な対応が語られる。その内容は，自らの性別の問題ではなく，養護教諭として何がこどもたちにできているのかできていないのかということに変化している。この段階となると，もはや彼らの仕事は，保健室の対応以外に，学内の校務分掌での役割，研究会，養護教諭の組織などでの活躍が周囲から期待されるようになる。

（役職は）引き受けざるを得なかった。だって，今の○○学校保健主事会の流れがあって，校長には「来たもの（役職）は断るな」って言われている。結局，養護教諭の先輩方から「やってよね」って言われたら，断れない。そんな感じですよ。(2012.1.29，特別支援学校)

(4) 女性と男性の共働
「女の子は女の先生，男の子は男の先生に行く」と言う方も多いんです

けど，実はそうじゃなくて，女の子が私，男の子が相方の先生っていうクロスもいっぱいあるんです。そのクロスは意外に意味があるんです。女の子に知ってほしい男性像，男の子に示したい男性像っていうのもあるので，そのへんは，ある意味，大人の広告塔として保健室を見せていきたい。(2010.12.28, 特別支援学校)

　この語りに見られるように，男女複数配置の保健室で，こどもたちが同性の所にばかり行くというわけではないとは，他の語りでも必ずというほど見られる。自らを振り返ってみれば当たり前であり，そのこども自身が，話したい人の方に行くというだけなのだ。必要な情報ならば，当然，保健室内や担任などと教員同士共有ができていればいいのであって，具体的な接点が同性である必要は無い。他の教員における連携と同様である。

　2010年に男性養護教諭友の会が結成され，全国各地で同じような立場にいる人，悩みを抱える人が一堂に介する機会がもてるようになった。圧倒的マイノリティたる男性志望者は，各都道府県での採用実績が乏しい。縦も横のつながりもほとんどなく，孤独に努力してきた。男性養護教諭友の会は，同様の目標を持つ学生・志望者たちに，今後，貢献していくだろう。

　2013年に神戸市で開催された第4回研修会では，女性養護教諭も多く参加した。この会が，男性だけで集まる場なのではなく，男女関係なく養護教諭として連携していくことを会の方針として示した結果だと言えよう。実際に参加した女性の養護教諭などからは，研修会の内容に満足し，「次回もぜひ参加したい」「周囲に呼びかけたい」との声もあった。今後の動向にも注目したい（2014年は東海地区が担当し名古屋市で開催予定）。

(5) 小括

　インタビューの語りをまとめよう。

　教員採用試験合格前は，大学時代の環境や教員採用試験の困難状況などから，「男女の差」（の有無）を強く意識する彼らは，採用され若手教員として赴任すると，その当初以外は「男女の差」よりむしろ「養護教諭」としての

自らの力量不足を実感するようになる。そして，多様なこどもたちに積極的に応じられるように努力する。もちろん，これらは，周囲の教職員・保護者の理解があるかどうかの違いもある。女子児童生徒へ外科的処置などで困難な場合，女性養護教諭や他の女性教員の協力で対応している。異性を交差したコミュニケーションの重要性や，男子児童生徒への性教育を含めた対応など，男性養護教諭が登場してその重要性が確認された例は幾つも見られる。

資質向上こそが重要だと認識して努力を続けた中堅・ベテランになると，ある程度の自負も出てきて，男性であることのマイナスがない実感から，後輩たちの相談にも乗るようになる。そして，校内で各種主任など，研究会その他で役員などの役職も任され，それに応えるようになっていく。

男性養護教諭の現職者たちは，それぞれ様々な葛藤を経験し，やがてそれを克服していく。男女差を意識しながら養護教諭を目指す彼らは，やがて，「男の」養護教諭ではなく，「実力ある」養護教諭を目指す。そして，周囲から認められ，多くの役割を果たす存在になっていく。

筆者が出会った全国各地の男性養護教諭の現職者は，幼稚園・小学校・中学校・高等学校・特別支援学校など，様々な校種で，規模も異なる教育現場で，各人が自ら研鑽し，教育活動を続けている。

まとめ——「男だって」ではない社会へ

前節でまとめたように，男性養護教諭34人は，いずれも個性豊かな方々であり，さらなる成長が期待できる若手も多かった。筆者は今後も，彼らの成長過程を追いたい。新たな現職者・志望者にも会いたい。一緒に齢を重ね，ともに現代を生きる教育に携わる者として，男女を問わず，養護教諭の先生方のますますの活躍を祈念したい。

男性養護教諭が「市民権」を得られるかどうかは，一般社会が，彼らをどう見るかによる。男性養護教諭に対し，「男の」と問うていたのは，児童生徒たちよりも，管理職や一般教員，養護教諭，さらに一般社会であった。何も検証せず，必要以上にジェンダー意識を強く持っていたに過ぎない。男性

看護師や男性保育士は全体の数％しかいないとは言え，実数で数万人規模である。それに対して男性養護教諭はわずか50人程度と全く状況は異なる（男性家庭科教諭も同様）。しかし，他の女性の従事者が多い職業の研究からも，今後，男性養護教諭が，両者と同様の展開過程をたどる可能性はあるだろう。また，現在，女性との複数配置で勤務する男性たちからは，教育的効果が常に語られていた。男女の共働の姿が当たり前，その状況がこどもたちに示されていることが，よい影響を与えることは，上記の事例の多くが示している。

「男だって」ではない飾り言葉が，次の新聞記事で書かれることを切望して，稿を閉じたい。

注

1　本章の基礎に，拙編著（川又他2012）などがある。
2　保育士も女性の従事者が多い職種で，全体の2.5％しか男性はいない（2010年国勢調査）。1974年に全国男性保育者連絡会が結成され，1977年に児童福祉法施行令改正で「保母」資格が男性に認められた。1999年に「保育士」という男女共通の名称へ変更された。育児の実践者に男性保育士がいることの重要性を綴った体験記は，公立男性保育士から養成課程校教員となった者により刊行された（小崎2005）。保育者全体で男性の比率が少ない原因に，社会的評価や賃金の低さ，固定的な性別分業観，保育現場の人間関係などが指摘される。
3　本章は紙幅の制限から，先行研究を詳しく紹介していない。川又他（2012）などを参照されたい。学校基本調査は教科別の男女数が示されていない。大竹・鈴木（2008）の労作によれば，2007年時点で男性高校家庭科免許保持者は53人である。中学校にも免許保持者がおり，総計では養護教諭より人数は多いものの，看護師・保育士のように1万人を超える数ではない。
4　特別支援学校に男性が多いのは，こどもたちの対応で体力を要することも一因だと予想される。しかし，因果関係は，採用者側の検証なしに実証できず，現状では推論に留まる。
5　男性養護教諭数は，1975年から1979年までの5年間，13人，5人，16人，8人，13人と目まぐるしく変動しており，その統計の実質性への疑問の声もあるほどである。
6　看護師から養護教諭に転身した先駆者のライフヒストリーは，拙論（川又2011）参照。

参考文献

藤野彰子，2006，「男性看護師のタッチの特徴とその対処方法に関する研究」『日本看護学

会誌』15巻2号，pp. 151-158
百田武司，2011，「男性看護師に期待される役割は変わったか」『看護教育』52巻4号，pp. 279-283
堀内かおる，2013，『家庭科教育を学ぶ人のために』世界思想社
石川周子，2000，「男性介護職員の役割についての一考察」『介護福祉学』7巻1号，pp. 78-87
川又俊則，2011，「養護教諭とジェンダー（2）」，『鈴鹿短期大学紀要』31巻，pp. 17-34
川又俊則・永石喜代子・大野泰子，2012，『養護教諭の複数配置に関する社会学的研究』（平成22・23年学術研究振興資金報告書）
小崎恭弘，2005，『男性保育士物語』ミネルヴァ書房
小高さほみ，2006，「男性が家庭科教員になることに伴うアイデンティティの変容」『ジェンダー研究』9号，pp. 105-128
岡村清子，2003，「介護労働とジェンダー」『東京女子大学社会学科紀要（経済と社会）』31号，pp. 1-25
大竹美登利・鈴木貴子，2008，「都道府県の教育ジェンダー格差指数の算出の試み」『東京学芸大学紀要（総合教育科学系）』59集，pp. 417-425
津村直子他，2010，「男性養護に対する意識調査」『北海道教育大学紀要（教育科学編）』60巻2号，pp. 47-60
矢原隆行，2007，「男性ピンクカラーの社会学」『社会学評論』58巻3号，pp. 343-356
山崎裕二，2011，「男性看護職の歴史的変遷と現在」『看護教育』52巻4号，pp. 264-268

第4章

地方短期大学のキャリア教育,及び進路支援に関する一考察

――鈴鹿短期大学の事例より――

杉原 亨・渡辺久孝

　2013年度より,筆者(杉原)は鈴鹿短期大学(以下,本学とする)の事務局で勤務している。主な担当は学生支援の業務であり,学生の学校生活における日常生活のサポートや,授業運営の支援などを行っている。

　業務を通じて,まず感じたことは,「短期大学の学生はとても忙しい」ということである。短大生は,2年間で卒業するために,卒業単位を修得するだけでも,平日はほぼ毎日朝から夕方まで授業を受ける必要がある。さらに大多数の学生は幼稚園教諭などの資格の取得を目標としており,学校の長期休暇中に実習などに参加しているため,まとまった休みは,ほとんどない状況である。

　筆者は,兼務で系列の4年制大学の事務局業務と,1年生対象のキャリア教育関連の授業を担当している。4年制大学での勤務経験から,4年制大学の大学生と,短期大学の短大生とでは,学生生活の過ごし方や,時間の使い方について,かなりの違いを感じた。つまり,4年制大学の学生は,短大生と比較してキャリアについて考えるための時間的な余裕があり,そのことが学生生活に大きく影響していると考えた。

　また,平成23年度から大学設置基準及び短期大学設置基準の改正により,大学・短大においてキャリア教育に関して教育課程での実施や指導が義務化されるようになり,社会からの要請が高まっている。

このような経験や社会情勢から，短期大学のキャリア教育及び進路支援については，4年制大学とはかなり違っていると考え，短大生の進路意識や，大学としてのキャリア教育や就職支援の取り組みを知っておく必要性を感じるようになった。

1．調査概要

(1) 調査目的
　4年制大学とは異なるであろう，短期大学のキャリア教育や進路支援について，本学を中心に実態を把握することを主目的とする。その上で，本学を含めた短期大学におけるキャリア教育や進路支援のあり方について考察を行った。

(2) 調査方法
　大きく2つの方法で調査を進めた。1つは，これまでの本学を含めた短期大学に関する先行調査や研究を調べる方法。もう1つは，本学の教職員のインタビューを通じて本学学生の実態を把握する方法である。

2．本学のキャリア教育・進路支援と就職状況

　鈴鹿短期大学は生活コミュニケーション学科のもと，生活コミュニケーション学専攻，食物栄養学専攻，こども学専攻の3つの専攻が存在する。それぞれの専攻で学ぶなかで数多くの学生が資格を取得する。

(1) キャリア教育
　まず本学がどのような学生を育てて，社会に輩出しているかを，本学のディプロマポリシー（学位授与の方針）からみてみた。本学のディプロマポリシーは表1の3つである。
　本学は，このディプロマポリシーに沿って，教育活動を行っている。その

第4章　地方短期大学のキャリア教育,及び進路支援に関する一考察

表1　本学のディプロマポリシー

○土台となる力：学力（基礎教養，専門領域に関する知識，技能）
○生きる力：問題解決能力（自ら課題を発見し，解決する能力）を有すること
○つながる力：コミュニケーション能力（他者への寛容さ，論理的・芸術的表現，他者への協働性）

表2　平成25年度　後期1年生「社会教養Ⅰ」予定一覧

回	対象	テーマ・内容
1	全専攻	生きること・働くこと（1年後，1年半後の目標設定）
2	全専攻	就職・仕事を知る（企業研究方法，就職活動の時期・方法，インターンシップ）
3	全専攻	自己分析①（自己を振り返り，自分の強みを知る）
4	全専攻	自己分析②（自己理解を深める）
5	専攻別	マナーアップ（お辞儀の仕方，報告・連絡・相談など）
6	専攻別	現場の仕事を知る（卒業生から学ぶ）
7	専攻別	現場の仕事を知る（経営者や人事担当者から学ぶ）
8	専攻別	パソコンを使った適職診断と就職活動の仕方
9	全専攻	目標の再確認（目標設定から行動計画をたてる）

中における，キャリア教育や支援について次のように整理した。

　キャリア教育については，学生自身のキャリアデザインを考えさせる授業として「社会教養Ⅰ（1年後期）」「社会教養Ⅱ（2年前期）」や，専攻ごとに実施される「総合演習」，学生時代に勉強したことをまとめる「卒業研究，こども学フィールドワーク」，その他にビジネスマナーや人間関係論，それから社会に最低限必要とされる基礎学力の修得として「国語表現」「数学的思考」がある。

　「社会教養Ⅰ・Ⅱ」については，これまでは授業外でのキャリアガイダンスで行っていた内容を整理して，平成23年度より選択科目として開講した。平成25年度より必須科目となり，全ての学生が受講することとなった。社会教養は，全専攻を対象としたキャリア教育全般を扱った授業と，専攻における進路に応じた専攻別の授業で構成されている。

　また，幼稚園や保育所，施設などの学外での実習を通じて，学生は社会で

働くために必要なマナーや人間関係の築き方などを学び，人間的にも大きな成長がみられる。それゆえ，実習もキャリア教育の一つとして位置づけることができよう。

(2) 進路支援

これらの授業と並行して，学生個々の進路をサポートするために，大学として様々な進路支援を行っている。単なる進路情報の提供ではなく，「自分の進路を自分で決定できる能力を養う」支援を行う。具体的には，様々な進路・就職ガイダンスの実施（会社説明会，公務員対策講座，マナー講座，業界研究など），インターンシップの実施，就職活動の支援（エントリーシートや履歴書の添削，面接対策，筆記試験対策など）などを実施している。

具体的には，生活コミュニケーション学専攻では，教員採用試験対策講座による受験指導の実施などをしている。食物栄養学専攻では，栄養士関連企

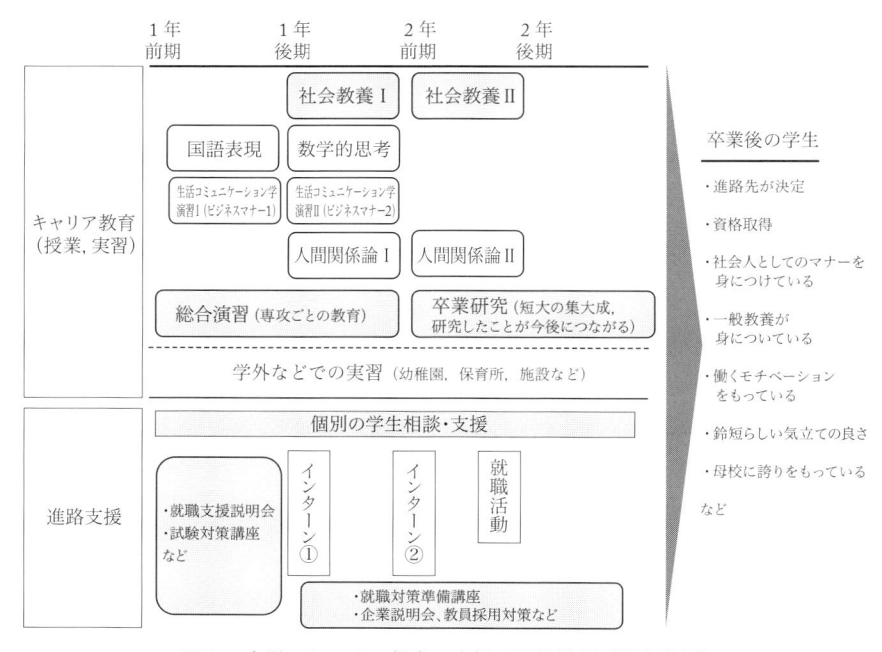

図1　本学のキャリア教育・支援の現状整理（筆者作図）

業との連携による学内会社説明会の開催や，栄養士採用に関する情報提供などを行っている。こども学専攻では，保育士や幼稚園教諭の採用試験講座の実施や，三重県内の保育所・幼稚園の採用情報の提供などを実施している。

これらの支援はゼミ担当の教員と密接に連携して指導を行っている。

(3) 就職状況

次に，本学の就職状況を確認してみた。直近3年間の進路決定率（進路決定者／卒業予定者）をみると，平成22年度で87％，23年度は95％，24年度は95％であり，ほとんどの学生が進路を決定して卒業していることがわかる。

また多くの学生は，所属する専攻に沿って，養護教諭2種免許状，栄養士免許状，栄養教諭2種免許状，保育士証，幼稚園教諭2種免許状などの資格を取得している。意欲のある学生は，その他にもカウンセラーや食生活アドバイザー，音楽療法などに関する資格取得に取り組んでいる。

就職先として資格をいかした主なところとして，養護教諭としては教育機関や福祉施設などである。栄養士としては，病院や教育機関，福祉施設，保育園，食品系企業などで，幼稚園教諭・保育士としては幼稚園や保育園に就職している。その他にも一般企業などにも就職している。三重県内での就職率はほぼ100％であり，ほとんどの学生が県内で就職していることがわかる。

3．短大生の進路意識や就職に関する先行研究及び調査

短大生の進路意識や就職に関する先行研究や調査について，以下のように分類し整理した。

(1) 全国調査の結果

佐藤他（2011）が2009年に実施した全国調査で，日本私立短期大学協会加盟校に所属する短期大学（加盟校361校に質問紙を郵送），及び加盟校の短期大学から就職先を抽出し質問紙を郵送した（送付件数1万3816件，回答件数2039件，回答率14.8％）。短期大学が育成している能力や就職先が求

める能力を中心に詳細な分析を行っている。その中で，就職先が求める能力，及び短期大学が教育する能力として最重視されているのは，「コミュニケーション力」「倫理観」「チームワーク力」という結果であった。

　また，山田他（2013）が2012年に短期大学生約7000名に対して実施した全国調査で，進学動機や授業に対する参加度や満足度，キャリアに関する考え方などを質問している。調査結果の中で，短大卒業後のキャリアについて何を重視しているかという質問に対し，「生活の安定や保証（89.3％）」「自由な時間（83.8％）」と回答しており，大半の学生はまずは生活基盤の確立をキャリア選択の際，重視していることがわかった。

　その他には，吉本他（2011）が2009年に高校26校の進路指導担当教員などを対象としたインタビュー調査を実施し，高等学校にとって魅力の高い短期大学のあり方や，短期大学と高等学校の相互の効果的な情報交換のあり方などについて分析を行った。その中で，高等学校での進路指導で重視することは，教育内容・ブランド・学費・利便性など多様であるが，最も重視することは就職実績や出口であることが示されている。

（2）個別大学に関する調査結果

　個々の短期大学に所属する学生を対象に調査した主な先行研究として，大重（2012）は2年生を対象に就職活動の悩みについて質問紙調査を行い，その結果として，学生が「志望理由や自己PRなどがうまく書けない」「面接練習が苦手」「筆記試験勉強が進んでいない」などの悩みを抱えていることが明らかとなった。

　伊藤他（2008），棚橋他（2003）は，2年生に対して就職活動全般（就職開始時期・エントリーシートの提出数・就職課の活動・内定時期など）について質問紙調査を行った。その結果，就職活動期間が半年から1年間と長く，就職課への要望として採用関係の支援（求人の案内，就職対策講座など）が高いことがわかった。また，先川（2010）はファッションデザインコースの学生に対して就職活動と卒業後の状況を調べている。

　朝日（2004, 2005）は短大生の進路選択に関して調査を行った。調査を通

じて，2年生でも就職や進路に対する自信がある程度形成されている学生は4割にも満たしておらず，不安を抱えている学生が6割程度存在していることがわかった。また，進路決定で重視する事柄で，短大の先生の意見は，2年生では1年生と比較して相対的に低いことが明らかとなった。

(3) 教育心理学を基とした先行研究

教育心理学を基とした主な先行研究として，岩田（2010）は本学学生に就職活動についてインタビュー調査を行った。その結果，短大生活の中で自己や職業について自らへの問いかけを通じて職業選択を行っていたことが浮き彫りとなった。また実習を通じて現場を体験することで，自己や職業についての再考がなされることがわかった。

浦上（1995，1996）は，学生の進路選択に対する自己効力（進路を選択・決定する過程で必要な行動に対する遂行可能感）に関しての尺度を作成し，女子短大生に対して質問紙調査を実施した。その結果，進路選択に対する自己効力が就職活動と関係性があることが明らかとなった。また，赤田・若槻（2011）は，四大生と短大生に対して調査を実施し，その結果，短大生は四大生と比較して自己効力が低く，教育プログラムの中で自己効力の向上が求められると指摘している。

(4) その他の先行研究

東・白川（2007）は保育者養成校におけるキャリア教育の枠組みや保育現場が求めている専門性，就職試験及び実技試験の内容について詳細に調査しており，試験や実技のテーマは多岐にわたっていることが示された。

4．本学を対象とした調査結果の整理

これまでに，本学を対象に実施した調査について整理し，その中から進路意識やキャリア形成，就職について分析した。

(1) 本学学生を対象とした調査
①2008年に実施した卒業生調査（川又2008）
　2008年に本学卒業生を対象に実施した調査である。この調査は同窓会組織を活用して，第一期生から2008年までの全卒業生を対象に質問紙の配布と回収を郵送法で行っている。有効回答数は638名であった。
　主な調査結果として，入学理由としては「取得したい資格の勉強ができるから」「本学に学びたい分野があったから」の2つが50％を超えており，他を大きく引き離している。ここから，将来へのキャリア形成を意識して本学に入学した学生が多いことが考えられる。
　また，「短大で学んだことは，卒業後どの程度役立っていますか」という質問に対し，各項目を5段階で選択してもらった。その結果，「満足する仕事を見つけること」「現在の職務をこなすこと」「長期的なキャリア（職業生活）の基礎」「人間関係を広げ，深めること」について，"とても役立つ""役立つ"を合計した割合は，40％から50％程度であった。ここから，短大での学びは卒業後で役立った学生も多いが，必ずしもそうではなかった学生も一定数存在することがうかがえる。
　続けて，女性の生き方の考えという質問に対して，現在の考えとして，「結婚・出産後，家事・育児に専念」は9.7％で，「子どもが生まれても仕事を続ける，子どもの成長後再就職」は66.4％であり，多くの卒業生が結婚・出産後も仕事を続けたいことがわかる。
　卒業直後の進路と現在の状況を比較すると，「正規の社員・職員」は卒業直後で68.7％であったが，現在は40.3％で約30％も下落している。一方で，「パート・アルバイト」は卒業直後では6.1％であったが，現在は19.7％であり，約13％上昇している。これについては，本学への進学者は女性が大半で，卒業後多くが結婚や出産を経験しており，その過程で働き方を変えていくことが一つには考えられる。
②2013年に実施した卒業生調査（杉原2013）
　筆者が本学生活コミュニケーション学科に所属する2年生全員を対象に調査を行った。調査時期は卒業を控えた2013年2月15日の成績発表時に質問

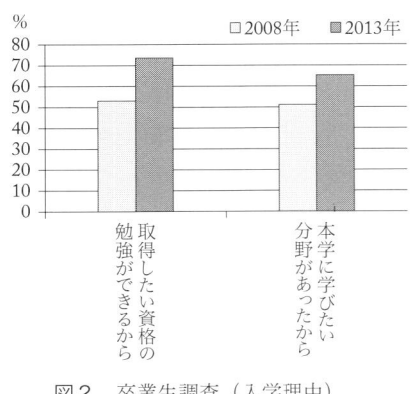

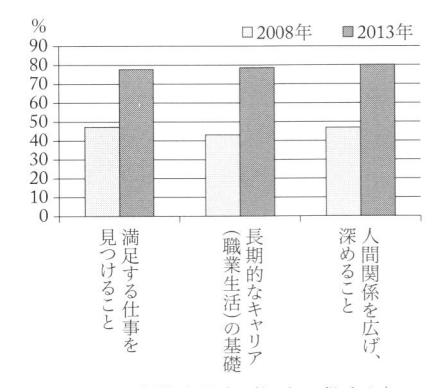

第 4 章　地方短期大学のキャリア教育，及び進路支援に関する一考察

図2　卒業生調査（入学理由）
　　　2008 年と 2013 年との比較①

図3　卒業生調査（短大の役立ち）
　　　2008 年と 2013 年との比較②

紙調査を実施した。質問紙調査に回答した人数は124名であった。その中から卒業見込みの121名を調査対象とした。質問項目は川又（2008）を参照に作成した。

　主な調査結果として，川又（2008）と比較可能な項目をみてみると，入学理由としては「取得したい資格の勉強ができるから」「本学に学びたい分野があったから」がともに70％程度で，過去の卒業生よりもさらに20％程度高くなっている。それから，「短大で学んだことは，卒業後どの程度役立っていますか」という質問に対しては，「満足する仕事を見つけること」「長期的なキャリア（職業生活）の基礎」「人間関係を広げ，深めること」について，"とても役立つ""役立つ"を合計した割合で，80％程度であった。こちらは倍近くの割合である。

　結果として，直近の調査の数値が明らかに高い。しかし，川又（2008）の調査は，対象の卒業生は様々な年代のため，卒業直前の 2 年生を対象とした杉原（2013）の調査と一概に比較することは難しいが，入学理由に関しては，より目的意識を持って入学する学生が増えたと考えられる。短大の学びの役立ちについては，良く考えると本学での学生生活の満足度の高まりの結果であり，別の視点では，卒業後に様々な経験を経たため，卒業時期とは考えが変わったとも考えられる。

その他で，2013年調査でわかったこととして，「進路支援の体制」に対しての期待については，74.4％が期待通りだったと答えており，学生は本学の進路支援に関して高い評価をしていることがうかがえる。

　それから，「在学中に進路を決めるときに短大の先生に相談しましたか」という質問に対しては，77.7％が相談したと答え，さらに「卒業後に仕事について短大の先生に相談したいと思いますか」については68.3％が相談したいと答えている。このように，多くの学生が教員と相談しながら進路を検討し，卒業後も教員に仕事の相談をしたいと考えている。さらに，在学中の先生への進路相談の有無により，大学への満足度や学びの役立ち度で格差があり，相談をしている学生のほうが高いことがわかった。

　本学では，学生は入学直後からゼミでの担当教員が決まっており，ゼミ担当教員から勉強だけではなく，生活全般にわたる指導がなされている。このような，きめ細やかな指導が学生からの信頼の高さに結びついているのではないだろうか。

(2) 幼稚園，保育所，企業などを対象としたアンケート調査
①本学学生を採用した幼稚園，保育所，企業などへの調査
　2010年7月に本学の進路センター（当時）から採用先の幼稚園，保育所，企業などを対象にアンケート調査を実施した。卒業生34名に対して，各人の「意欲」「考える力」「コミュニケーション力」「職業人意識」に関して17項目を回答してもらった。各項目で「発揮できる。いつもできる。（2ポイント）」「通常は発揮できる。何とかできる。（1ポイント）」「発揮できない。できない。難しい。（0ポイント）」で評価してもらった。

　集計結果として，上位3項目は，コミュニケーション力の「傾聴力（相手の意見が聴ける）」「柔軟性（相手との意見交換が円滑にできる）」「協調性（集団で作業・行動することができる）」であった。一方，下位3項目は，職業人意識の「実践力（理論的知識を実践できる）」「専門的な能力（必要な専門知識を取得している）」「創造力（新しい取り組みに挑戦できる）」であった。

　この結果から，本学のディプロマポリシーでもあるコミュニケーション力

や人とつながる力は採用先から高く評価されており，一方で専門性や理論を背景とした実践については，そうでもないことがわかる。

　自由記述で学生時代に身につけてほしい力として，最も多かったのは，あいさつや場所をわきまえた服装や言葉遣いなど，基本的なマナーや常識を身につけてほしいという意見であった。あとは，仕事に対する気持ちや使命感，こどもを預かっているという責任感といった意見が散見された。ここから，採用先が重視しているのが，まずは社会人としての基礎的な能力であり，現場においてこれらの能力が不足している新人が一定数存在し，苦慮していることがうかがえる。

②三重県下の企業への調査

　2010年3月に，三重県『産・学』就職情報交流会の参加企業43社に対してアンケート調査を行い，40社が回答した。本学で今後実施を検討している12の講座について，3件法（とても重要である・どちらかと言えば重要である・特に重要性を感じない）で質問した。

　上位項目は「相手の意見を的確に聴くことができる能力の育成」（とても重要である87.5％），「自分の意見を的確に伝えられる能力の育成」（同82.5％），「職業観（プロ意識）を育む教育」（同67.5％），「意見交換を円滑に進めることができる能力の育成」（同60.0％），「社会人として適切な身だしなみについての教育」（同60.0％）であった。つまり，先の採用先への調査と同様に，ここでも人とのコミュニケーション力や社会人としてのマナー，規範意識を重視していることがうかがえる。

5．本学教職員を対象としたインタビュー調査

　2013年9月に本学の複数の教職員を対象に，本学のキャリア教育や進路支援の現状について筆者（杉原）がインタビューを行った。

（1）進路支援に関わっている職員へのインタビュー

2011年より進路支援室長にて本学の進路支援業務全般を統括していた共

同研究者の渡辺（現事務局長）と，キャリア支援課の職員にインタビューを行った。

インタビューの中で，本学の学生への進路支援として「連携」という言葉が何度もあがっていた。具体的には，学生の実習やインターンシップ，就職活動の状況を始めとして，個々の学生の悩みや学校生活での気になった動きなどを，教員（ゼミ担当）と職員（キャリア支援課）で共有していることである。すなわち，教員と職員との距離感が近く，いわゆる「教職協働」で学生への進路支援ができていることである。

本学学生の特徴としては，自分が他人にどのように見られているかを気にしており，自分に対する評価に対して敏感とのこと。このような学生気質も踏まえて教職員で個別学生へのフォローがなされており，卒業生に対しても就職先での状況を把握するようにしており，悩みや心配があった場合，大学が相談先として機能するようになっている。

また，地域（地元の幼稚園・保育園・企業など）と大学で密に情報共有をしていることも特徴である。実習やインターンシップの様子が細かく伝えられ，卒業後も就職先での様子などを機会があるごとに共有されている。このような関係性から，求人についても優先的に本学に知らされる場合が多い。

地域からの本学学生の見方は，専門性よりも「気立ての良さ」といった人間性を高く評価されているとのこと。このことから，本学の良い伝統と教育方針が地域に浸透し，評価されていると考えられる。

(2) 教員へのインタビュー

各専攻1名ずつで合計3名の教員にインタビューを行った。

本学の学生が社会から求められている資質として，先の職員の話と同様に，専門的な知識よりも「気立ての良さ」をあげている。具体的には，日常のあいさつがきちんとできるか，他人を不快にさせないようにするマナーを身につけているか，笑顔で人と接することができるか，時間を守れるかなどである。いわゆる社会人としての基本的な所作である。また，就職先からは，専門的な技術は現場で学べば良く，気立てが良ければ育てることができ

第 4 章　地方短期大学のキャリア教育,及び進路支援に関する一考察

るという意見を多数聞いているとのことである。

　それから，就職先では，児童や生徒への指導だけでなく，保護者や同僚との対応ができるよう，意志疎通するために人との触れあい方や，コミュニケーション力も重要と指摘している。

　学生の気質としては，自分に自信が無く，委縮している学生が多い（"どうせ自分なんか"といった感情）ため，学生生活の中で何らかの形で自信をつけて，誇れるものを持たせたいとのこと。例えば，授業を通じて本を読むことは苦手であるが，運動や実技は好きみたいに，学生は何か好きなことや得意なことがあると，良い方向に変化するきっかけとなる。そのために，助手を含めた教員全体で，学生の面倒やフォローをしており，学生の様子に応じて積極的に声をかけるようにしている。

　学生の仕事観については，実習での体験が大きく影響するとのこと。学生は，幼稚園や保育所，施設などの現場で実習を行うと，仕事のイメージができ，教員がこれまで授業や日常生活で教えてきたことが理解できるようになり，改めてコミュニケーション力や生活面における振る舞い（あいさつやマナーなど）が大切だと実感するようになる。このような力を伸ばすために，入学前教育においても，グループワークを活用した自己紹介やコミュニケーションゲームなどを実施しており，これらの取り組みも効果的であったようである（渋谷他2013）。

6．考　察

　先行研究やアンケート調査結果，及び本学の教職員へのインタビューから，共通していることとして，短大生が社会から求められていることは，コミュニケーション力や社会常識，マナーといった，社会人としての基礎的な力である。社会で仕事をするためにコミュニケーション力が求められているのは四大生と変わらないが，短大生には仕事以前の一般常識をとりわけ身につけてほしいと思われている。保育所や幼稚園などで日常的にこどもや保護者と接することが多く，生活面での常識やマナーが，より重視されていると

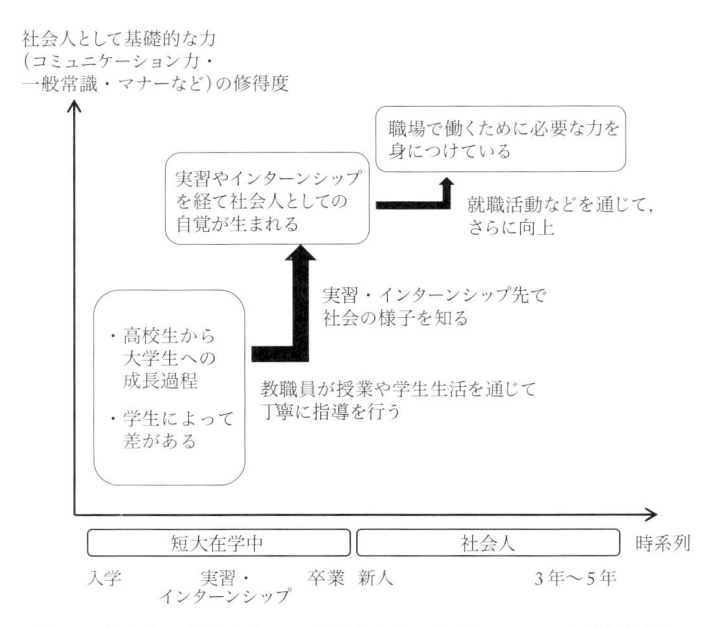

図4 短大生の社会人として基礎的な力の修得について（筆者作図）

考えられる。本学では「気立ての良い」学生を育成するために教職員全体で面倒をみており，卒業生は地域社会で一定の評価を得ており，地域に根差した学校として一定の成果は出ていると思われる。

さらに本学として特色を打ち出すために，基礎的な力に加えて，高度な専門性や複数の資格取得などプラスアルファの要素を，現状の教育内容や進路支援に組み込むことで地域社会へアピールすることも求められよう。

また，短大生は実習やインターンシップを経ることで，今まで授業などで学んだことを理解できるようになり，実習の体験を踏まえて，自分の進路を再検討し始めると考えられる。

自分に自信を持っていない学生に対しては，教職員全体で，個々の学生を支援し，フォローする体制を構築することで，進路支援にもつながっていくと思われる。

今回の調査を踏まえて，図4で，時系列で短大生の社会人としての基礎的

第4章　地方短期大学のキャリア教育,及び進路支援に関する一考察

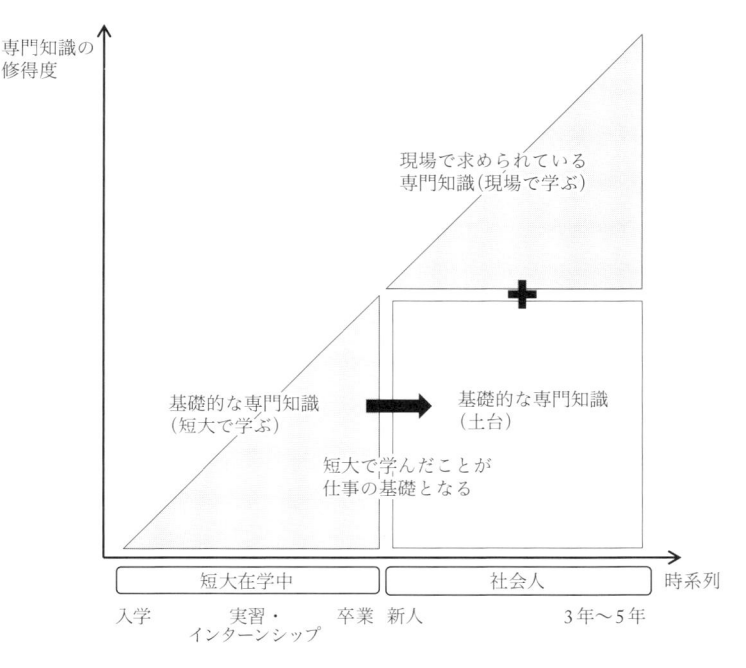

図5　短大生の専門知識の修得について（筆者作図）

な力（コミュニケーション力・一般常識・マナーなど）の修得度を整理してみた。短大入学後は高校生から大学生へ成長する過程であり，教職員が授業や日常生活を通じて指導することで能力を向上させていく。実習やインターンシップを経験することで，学生は社会を体験することになり，自覚が生まれ，自ら気をつけるようになっていく。さらに就職活動などを通じ，基礎的な力が高まっていく。

さらに，図5では，短大生の専門知識の修得について時系列で整理した。在学中で基礎的な専門知識を身につけ，卒業後，現場で働くことを通じて，各々の現場で求められている専門知識を修得していると考えられる。

おわりに

　今後，短大生の実態を調べた上で，さらなる分析を進めていく。また，実務を通じて，学生・教職員・保護者・採用先を含めた地域社会との連携に貢献していきたいと考えている。

参考文献

赤田太郎・若槻優美子，2011，「職業的不安に対する大学・短期大学のキャリア教育の現状と課題—ソーシャルサポートと自己効力が与える影響から—」『龍谷紀要』33巻，pp. 77-88
朝日素明，2004，「大学における進路教育と学生の進路選択に関する研究—短期大学生の意識からみる進路指導実践の評価—」『埼玉短期大学研究紀要』13号，pp. 33-45
朝日素明，2005，「大学における進路教育と学生の進路選択に関する研究(2)—短期大学生のライフコース展望を中心として—」『摂南大学教育学研究』創刊号，pp. 35-52
東ゆかり・白川佳子，2007，「保育者養成校における授業カリキュラムと就職試験の内容との関連性についての一考察」『鎌倉女子大学紀要』14号，pp. 63-78
伊藤功子・大塚慎裕・伊藤七衣・井深和正，2008，「就職活動に関する短大生の行動と意識—職種別にみた活動の傾向—」『東海女子短期大学紀要』34号，pp. 33-40
岩田昌子，2010，「保育者養成短大における学生の進路選択行動についての教育心理学的考察」『鈴鹿短期大学紀要』30巻，pp. 25-37
浦上昌則，1995，「学生の進路選択に対する自己効力に関する研究」『名古屋大学教育学部紀要 教育心理学科』42巻，pp. 115-126
浦上昌則，1996a，「就職活動を通じての自己成長—女子短大生の場合—」『教育心理学研究』44巻4号，pp. 400-409
浦上昌則，1996b，「女子短大生の職業選択課程についての研究—進路選択に対する自己効力，就職活動，自己概念の関連から—」『教育心理学研究』44巻2号，pp. 195-203
大重康雄，2012，「短大生の就職活動意識と意思決定支援」『鹿児島女子短期大学紀要』47号，pp. 63-76
川又俊則，2008，「母校が遠い卒業生—鈴鹿短大卒業生調査の単純集計から—」『鈴鹿短期大学紀要』29巻，pp. 1-27
先川直子，2010，「短大生における就職活動と卒業後の状況—ファッション・デザインコースにおける実態調査を中心に—」『目白大学短期大学部研究紀要』46号，pp. 17-34
佐藤弘毅，2011，『短期大学における今後の役割・機能に関する調査研究』文部科学省平成21-22年度先導的大学改革推進委託事業
渋谷郁子・杉原亨・石川拓次・前澤いすず・岩田昌子，2013，「地方短期大学における学生の主体的参加を高める入学準備プログラムの開発」『日本リメディアル教育学会第

9 回全国大会発表予稿集』pp. 104-105
杉原亨，2013，「鈴鹿短期大学卒業生調査からの分析と考察―3 つの視点より―」『鈴鹿短期大学生活コミュニケーション学研究所年報』4 号，pp. 13-24
鈴鹿短期大学，2013，『自己点検・評価報告書』Ⅷ
鈴鹿短期大学学生支援委員会進路支援グループ，2010，『〈現下，必要とされる人材育成に役立つキャリア講座〉に関するアンケート調査報告書』
棚橋美奈子・伊藤功子・松尾良克・本橋進，2003，「就職活動に関する短大生の行動と意識―就職活動状況調査結果報告―」『東海女子短期大学紀要』29 号，pp. 123-137
短期大学基準協会・調査研究委員会 短期大学コンソーシアム九州・研究センター，2011，『短期大学のステークホルダーに関する調査研究報告書―高校教員インタビュー報告書―』（研究主査：吉本圭一）
「短期大学設置基準」
文部科学省中央教育審議会，2011，「今後の学校におけるキャリア教育・職業教育の在り方について」（答申）
文部科学省中央教育審議会，2012，「新たな未来を築くための大学教育の質的転換に向けて」（答申）
JCIRP 短期大学調査チーム，2013，『短期大学学生に関する調査研究―2012 年 JJCSS 調査全体集計結果報告―』（研究代表：山田礼子）

こどもとコミュニケーション

松本亜香里・武田潔子

　鈴鹿短期大学こども学専攻は，保育士や幼稚園教諭を志望する学生が2年間で理論と実践を勉強し，資格を取得します。短期間でたくさんのことを学ばなければならず，理論を理解した上で実践を通して学びを深めるというよりも，理論を学びながら実践を通して理解を深めるという学習になります。本学では入学してからわずか3ヵ月で保育現場に見学実習に出向きます。3ヵ月というのは長いように思えますが，学生の立場で考えると，ようやく90分授業に慣れ，学びに対する姿勢が安定してくる頃ですね。そのような段階で現場に出るというのはどれだけ細かな事前指導を受けていようと不安や緊張が大きいと思います。ましてや，中学校や高校の職場体験では「お兄さん，お姉さん」と呼ばれますが，短大生にもなると「実習生の先生」と呼ばれ，立場の認識を呼称からも感じることでしょう。

　ここでは，学内での実習の反省会や実習先の先生方の声から，初期の実習における学生が出会う壁を取り上げます。この壁というのは，題にもありますように「こどもとのコミュニケーション」です。

　こども学に入学してくるほとんどの学生が「こどもが好き」「こどもがかわいいと思う」「こどもとたくさん遊びたい」という気持ちを抱いています。しかし実習に行ってみると，こどもと言ってもいろいろな子がおり，自分にたくさん話しかけてくれる子，話しかけると後ろに隠れてしまう子，話したいけれど遠くから見つめているだけの子，よく喧嘩をする子，よく泣く子など，私たちにもそれぞれの性格があるように，こどもにもしっかりと個性があります。それだけ豊富な個性が集まれば，予期せぬ事もいろいろと起こります。先生はできるだけ一人ひとりの気持ちを酌んで，時には中に入ったり，見守ったりします。そのような先生の臨機応変な対応や援助を見て自分も先生のようになりたいと，実習体験からさらに意欲を高める姿が見られます。また，絵本を読んだり手遊びをしたりしてこどもに喜んでもらう喜びを感じ，刺激を受ける姿も見られます。一方で，学生の中でも大勢のこどもを目前にして，圧倒され端の方で呆然と立っているだけだったり，こどもの近くにはいるけれど，見ているだけで何を話しかけていいか

わからなかったりします。中には１回目の実習ですっかり自信をなくし自分は先生に向いていないと言う方もいます。しかし，誰もが最初からこどもとうまくかかわれたとは限りません。保育に正解はありませんし，失敗や経験を積む中で，かかわり方やこどもの気持ちを感じ取る感性を磨いていくのです。
　それでは，かかわるきっかけとしてまず何をしたらよいのでしょうか。それは，こどもがその時に取り組んでいることに興味を持ち，共感することからかかわりが始まります。例えば，砂場でこどもが砂山を作っている場面で「お山を作っているの？　高いお山ができたね。」と言い，そこから一緒に遊ぶ中でコミュニケーションを展開していきます。逆にこどもから何かを話そうとしている時は，目線を合わせ，相手が安心できるような表情で受け止めます。そしてこどもが話してくれる内容に誠実に耳を傾けることが大切です。
　言葉を発しない，０歳の乳児にはどうでしょう。乳児は自分とかかわってくれる人の顔をよく見ています。おむつ交換の時には「いいうんちがでてね。気持ちいいね。すっきりしたね。」など微笑みかけながら交換するのと，だまって淡々と交換するのでは乳児の反応も違います。また，喃語が発せられた時に「上手にお話できたね。あー。くー。」など乳児の反応に合わせて反復することで，乳児は喃語を発することを心地よく感じたりします。このように特に乳児とかかわるとコミュニケーションは言葉や声のトーンだけでなく，顔の表情も重要だということがわかります。温かなまなざしの中でかかわり合うことで，愛情を感じ自発的なかかわりが生まれるのではないでしょうか。
　こどもとのコミュニケーションは，感じること，共感すること，想像すること，考えることからはじまり，誠実なかかわりを重ねる中で信頼関係が生まれ，深まっていきます。また，人とのコミュニケーションの根本として，相手が大人であろうとこどもであろうと一人の"ひと"として尊重し，謙虚に自分と向き合い相手と接することが重要だと言えるでしょう。

[第Ⅱ部]

生活コミュニケーション学の展開

第5章

音楽療法の介護予防効果
——施設利用者と健常高齢者への実践評価を通して——

佐治順子

　超高齢社会の到来に伴い，介護を必要としないで自立した生活ができるために，緊急にその予防策が必要である[1]。
　「平成25年（2013年）7月の日本の総人口は，1億2733万9千人であり，総人口に占める65歳以上の割合である高齢化率は，前年度より3.81％増加し過去最高の3163万4千人であった」[2]。また平成24年1月の「日本の将来推計人口」によると，「この高齢化率は，2060年には約40％にも達し，2.5人に1人が65歳以上，4人に1人が75歳以上の後期高齢者になるだろう」[2]と推計された。一方，厚生労働省からは，「平成22年度の認知症有病率は，高齢者人口の15％（約439万人）であり，MCI（健常と認知症の中間状態の者）の有病率は，高齢者人口の13％（約380万人）であった」[3]と報告された。つまりMCIの認知症予備軍も含めると，平成22年度の認知症患者は，高齢者人口の1/4以上であり，事態は深刻である。
　健康寿命とは，2000年にWHO（世界保健機関）から提唱され，「健康上の問題で日常生活が制限されることなく生活できる期間のこと」[4]である。厚生労働省の報告では，「平成22年の平均寿命が，男性79.55歳，女性86.30歳であり，健康寿命は，男性70.42歳，女性73.62歳であった」[5]。したがって，平均寿命と健康寿命との差である，男性9.13年，女性12.68年は（図1），介護や医療を必要とされた期間と推定される。
　もちろん，高齢者であっても，実際に現在も仕事を持ちながら，元気に自

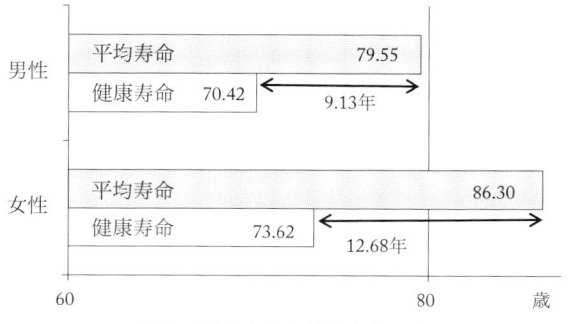

図1　平均寿命と健康寿命の差

注：平均寿命は厚生労働省「平成22年完全生命表」，健康寿命は厚生労働科学研究補助金「健康寿命における将来予測と生活習慣病対策の費用対効果に関する研究」。

立した生活を送っている者もいる。そして誰しもが，できるだけ介護や病気をせずに健康でいたいと願っている。そのためには，介護や認知症になる前から，生活習慣病などに留意するとともに，ストレス解消や認知症予防策を，積極的に生活の中に取り入れておくことが必要である。

最近その一つとして注目されているものに，脳の活性化に有効とされる音楽療法の支援法がある。それは，「手軽に楽しくでき，しかも薬のような副作用や高額な費用もかからないこと，むしろ，参加することによって新しい仲間ができ，定期的に外出の機会にもなること」[6]などから，多くの福祉施設や医療・教育現場でも採り入れられつつある。しかしその効果の客観的評価は充分でない。

本章では，筆者が三重県内で実践してきた施設利用者に対する音楽療法の効果を，健常高齢者の協力を得て，身体・認知・QOL（生活の質）・心理的機能の面から客観的に評価し，音楽療法実践が，高齢に伴う心身の機能障害や低下を改善・予防できることを検証する。

1．目　的

本研究は，ケアハウス入所者およびディケア施設利用者で，支援および介

護度Ⅰと認定された高齢者と健常高齢者を対象とし，介護予防のための音楽療法効果を，対象者の身体・認知・QOL・心理的機能評価から検証することを目的とする。

2．方　法

(1) 対象

対象1は，要支援Ⅰ・Ⅱおよび要介護Ⅰと認定されたA施設ケアハウス入所者及びディケア通所者とし，対象2は，A施設と同地区のB自治会老人会に所属し，自宅で自立した生活を送っている健常高齢者である。なお両対象者とも，車椅子やシルバーカー利用者，自力で歩行不能な者，および過去4週間以内に音楽療法を受けた者を除外にした。今回，特に介護Ⅰ認定者を対象者に加えた理由は，実践現場において支援Ⅱと介護Ⅰ認定者の音楽表現にばらつきが見られたからであった。また車椅子やシルバーカー利用者，自力歩行不能者を除外したのは，身体機能評価として，歩行測定を実施するからである。対象2をおいた理由は，施設利用者を健常高齢者と比較検討することによって，介護改善の目標指標を提示することができると考えたからである。対象1, 2のプロフィールは以下の通りである（表1）。

表1　対象者のプロフィール

対　象	人数	平均年齢	性　別	備　考
1．施設利用者	16名	84.1±4.5歳	男4名　女12名	A施設
2．健常高齢者	16名	74.6±6.7歳	男9名　女7名	B自治会

(2) 音楽療法の実践頻度と評価期間

対象1への音楽療法実践は，月2回，1回のセッション時間は約50分とし，合計6回分（約3ヶ月）を評価期間とした。対象2の健常高齢者には，3ヶ月間の第1回目開始前と第6回目終了後に，音楽療法は実施せずに，対象1と同様の評価のみを実施した。

（3）音楽療法の実践スタッフ

音楽療法の実践は，原則として3名の音楽療法士で行い，そのうちの主音楽療法士は，日本音楽療法学会認定音楽療法士の資格取得後3年以上の者（筆者）とした。副音楽療法士も，日本音楽療法学会認定音楽療法士に依頼した。その他，音楽療法実践中に，施設の職員数名が，対象者と共に参加し，随時対象者の介護支援にあたった。

（4）音楽療法の内容

プログラムの中に，身体・認知・QOL・心理機能を促進する楽曲と対象者に合わせた固有テンポ[7]を用いながら，随時身体運動や楽器演奏も併用した。また対象者や施設スタッフには，これからのプログラムは，どの機能改善のための実践であるかを，プログラムに明記し，さらに実施前にも説明した。

（5）評価項目

以下6評価を行った。全ての評価はすでに公開されており，一部使用許可を得て実施した。

①身体機能評価　Timed up and go (TUG)[8]：椅子から立ち上がり，3m先の目印を回って，再び椅子に座るまでの時間を計測した。音楽療法第1回目の開始前と第6回目終了後に，2回ずつ計測した。本来のTUGは，1回目は普通歩行の速さで，2回目は速足歩行で行うが，対象が高齢者であったため，2回計測中の速い方を採用した。

②認知機能評価　Mini Mental State Examination (MMSE)[9]：国際的に承認された認知機能評価で，11問からなり，30点満点である。一般に，27～30点が健常，22～26点が軽度認知症の疑い，10～21点が中度認知症，0～9点が重度認知症と評価される。

③機能的評価　Barthel Index (BI)[10]：10項目からなり，100点満点である。

④意欲の指標　Vitality Index (VI)[11]：5問からなり，10点満点である。

⑤一般健康調査票　General Health Questionnaire (GHQ)[12]：12問からなり，項目ごとに，下段回答時に1点を与えて，合計点を集計する。得点4あ

るいは5点以上の者をうつ陽性とした場合，気分・不安障害のスクーリングにおいて感度73〜82％，得意度60〜90％と報告されている。
⑥うつ対策推進方策マニュアル調査票[13]：5問からなり，2問以上「はい」であれば，「うつ」の可能性ありと判定する。

なお上記の①〜⑥の評価は，全て第1回目の音楽療法開始前と第6回目の音楽療法終了後に，B施設職員に協力してもらい，実施した。

(6) 倫理的配慮

音楽療法実施前に，対象1，2に，研究の趣旨をそれぞれ説明し，協力に同意していただいた（同意書に自署可能な）者のみを，本研究の対象者とした。なお本研究は，日本音楽療法学会特別プロジェクト研究として，すでに日本音楽療法学会の倫理委員会の審査を受け，許諾を得ている。

3．結　果

(1) 身体機能評価　TUG

施設利用者および健常高齢者共に，音楽療法第6回目の実施前の平均TUGは，音楽療法第1回目実施後の平均TUGより，平均所要時間が短縮された（図2）。平均所要時間そのものは，施設利用者の方が健常高齢者より多くかかったが，短縮された時間は，施設利用者（2.2秒）の方が，健常高齢者（0.4秒）より多かった。

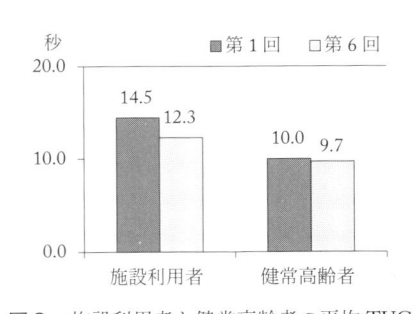

図2　施設利用者と健常高齢者の平均TUG

(2) 認知的機能評価　MMSE

施設利用者の平均MMSEは，音楽療法第1回目開始前のMMSEより，第6回目終了後のMMSEの方が，平均で1.6点上昇した。健常高齢者の

平均 MMSE は，変化がなかった（図 3）。また，施設利用者の平均MMSE が 18〜19 点に留まったのに対して，健常高齢者の平均 MMSE が 26.8 点で，施設利用者より 8 点近く開きがあった。

MMSE の 11 項目を詳細にみると，施設利用者（表 2）も健常高齢者（表 3）も共通して大きく低下する項目が 4．計算と 5．遅延再生であり，共通して満点が維持された項目は 6．物品呼称であった。

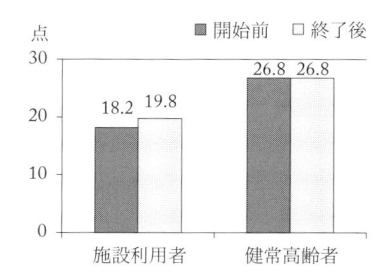

図 3　施設利用者と健常高齢者の平均 MMSE

また施設利用者の MMSE で，音楽療法開始前に低下していた項目は，終了後にほぼ改善されていた（表 2）。特に改善の大きかった項目は，4．計算（1.0 点），5．遅延再生（0.3 点）と 8．口頭指示（0.3 点）であった。しかし，11．図形模写（−0.3 点）だけが終了時に低下した。

健常高齢者の開始前の MMSE で低下していた項目は，1．時間の見当識（0.4 点），2．場所の見当識（0.4 点），4．計算（2.1 点），5．遅延再生（0.3 点）であった。中でも 4．計算項目は最も低下が大きかった。そして前述し

表 2　施設利用者の平均 MMSE の変化

	MMSE	得点	開始前	終了後
1	時間の見当識	5	2.4	2.5
2	場所の見当識	5	3.0	3.2
3	即時想起	3	2.9	3.0
4	計算	5	**1.2**	**2.2**
5	遅延再生	3	**1.1**	**1.4**
6	物品呼称	2	2.0	2.0
7	文の復唱	1	0.8	0.8
8	口頭指示	3	**2.5**	**2.8**
9	書字指示	1	0.9	0.9
10	自発書字	1	0.6	0.7
11	図形模写	1	**0.8**	**0.5**

表 3　健常高齢者の平均 MMSE の変化

	MMSE	得点	開始前	終了後
1	時間の見当識	5	**4.6**	**4.6**
2	場所の見当識	5	**4.6**	**4.6**
3	即時想起	3	2.9	2.9
4	計算	5	**2.9**	**2.9**
5	遅延再生	3	**2.7**	**2.7**
6	物品呼称	2	2.0	2.0
7	文の復唱	1	1	1
8	口頭指示	3	3	3
9	書字指示	1	1	1
10	自発書字	1	1	1
11	図形模写	1	1	1

第5章　音楽療法の介護予防効果

たように，健常高齢者の終了時の MMSE に変化はなかった。

実際，音楽療法の中では，歌に合わせた手遊びや指体操，身体体操の他，歌詞を大きな声で読む，大きく口を開けて歌唱する，楽器演奏に参加するなど，複数の機能訓練を取り入れた活動を折り込んで実施した。

(3) QOL 機能評価

QOL 機能評価として，機能的評価 BI と意欲の指標 VI を計測した。

①機能的評価　BI

施設利用者の平均 BI は，音楽療法第1回目開始前の BI より，第6回目の終了後の BI の方が，平均で5.0点上昇した（図4）。健常高齢者の平均 BI に変化はなかった。満点ではなかった項目は，両者とも階段昇降の低下であった。また，施設利用者の BI 中，音楽療法終了時に上昇した項目は，階段昇降や整容やトイレ動作，車椅子からベッドへ移動，入浴など，QOL 機能の広範囲にわたる改善が見られた。一方，施設利用者が開始前より終了後に低下した項目は，階段昇降と排便コントロールであった。

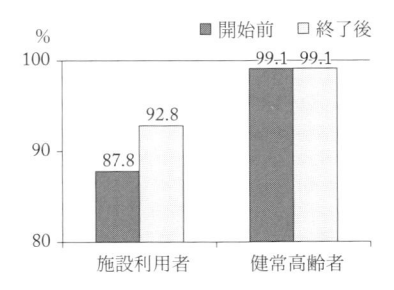

図4　施設利用者と健常高齢者の平均 BI

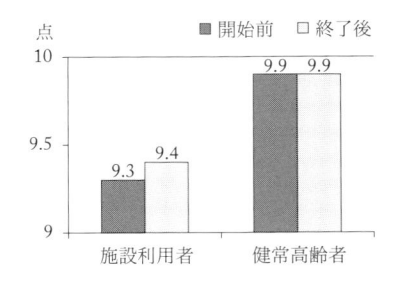

図5　施設利用者と健常高齢者の平均 VI

②意欲の指標 VI

施設利用者の平均 VI は，音楽療法開始前よりも終了時に平均で0.1点上昇した（図5）。一方，健常高齢者の平均 VI に変化は見られなかった。

(4) 心理的機能評価

最近一人暮らしの高齢者や，家族と同居しながらも，うつ症状を持つ高齢

者が多くなってきている。音楽療法の第1回目開始前と第6回目終了後の心理的機能評価を，簡易に回答できる一般健康調査票GHQ12と，うつ対策推進方策マニュアル調査で評価した。

① 一般健康調査票GHQ12

施設利用者は，音楽療法終了後に0.8点の改善が見られたが，健常高齢者には，変化がなかった（図6）。

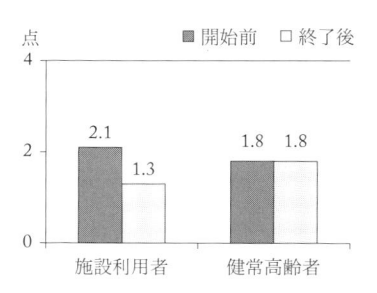

GHQ12値を詳細に検証すると，音楽療法第1回開始前の施設利用者の中に，1名明らかにうつ傾向を持つ（5点以上）高齢者が確認された（表4）。しかし，月2回の定期的な音楽療法に参加した施設利用者は，7点→1点に低下した。またうつ症状を持つ（4点）者が，施設利用者に2名いた。1名は4点→0点に改善が見られたが，1名はそのままであった。健常高齢者では，5名とも，4点→4点のままであり，改善が見られなかった。

図6 施設利用者と健常高齢者の平均GHQ12

② うつ対策推進マニュアル調査票

施設利用者は，音楽療法第1回目の開始前よりも，第6回目の終了後に平均で0.3点うつ症状が低下した（図7）が，健常高齢者には変化がなかった。

うつ対策推進マニュアル調査票を詳細に検証すると，施設利用者の中にうつ症状の傾向を持つ者（2点以上）が5名，健常高齢者に6名確認された（表5）。しかし音楽療法終了後には，施設利用者の1名を除き，改善が見られた。健常高齢者の6名は，そのままで変化が見られなかった。

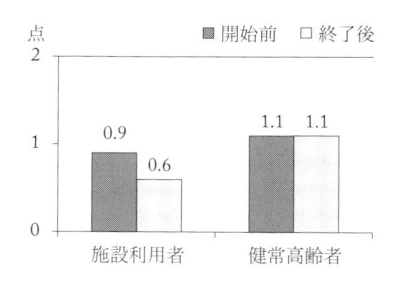

図7 施設利用者と健常高齢者の平均うつ対策推進マニュアル調査票

第 5 章　音楽療法の介護予防効果

表4　音楽療法開始前と終了後の GHQ12

対象者	施設利用者 開始前	施設利用者 終了後	健常高齢者 開始前	健常高齢者 終了後
1	1	1	0	0
2	1	3	3	3
3	1	1	2	2
4	4	4	2	2
5	3	1	4	4
6	2	2	4	4
7	1	1	0	0
8	4	0	1	1
9	1	1	0	0
10	2	2	0	0
11	7	1	4	4
12	0	0	1	1
13	1	1	0	0
14	1	0	0	0
15	2	1	4	4
16	3	2	4	4

表5　音楽療法開始前と終了後のうつ対策推進マニュアル調査票

対象者	施設利用者 開始前	施設利用者 終了後	健常高齢者 開始前	健常高齢者 終了後
1	0	0	1	1
2	0	0	1	1
3	0	0	2	2
4	2	4	0	0
5	1	1	2	2
6	2	0	1	1
7	0	0	0	0
8	1	2	0	0
9	0	0	0	0
10	2	1	0	0
11	3	0	2	2
12	0	0	0	0
13	0	0	3	3
14	3	0	0	0
15	0	0	3	3
16	1	0	2	2

4．考　察

(1) 身体機能評価　TUG について

　施設利用者および健常高齢者共に，音楽療法第 1 回目の開始前の TUG は，第 6 回目の終了後の TUG で，平均所要時間が短縮された（図 2）。特に，月 2 回頻度による 3 ヶ月間の継続した音楽療法を受けた施設利用者（2.2秒）の方が，健常高齢者（0.4秒）より，平均所要時間が大きく短縮されたことから，定期的に継続した音楽療法実践が，高齢者の身体機能改善につながると考えられる。

　一方 TUG は，音楽療法に参加せず，第 1 回と第 6 回のみに計測に協力した健常高齢者でも，複数計測により，学習効果があることが示唆された。実際 TUG は，毎回計測値が数字として表わされるので，対象者の励みとなり，

また増減する計測値によってその日の調子をチェックできることもあり，対象者が楽しく参加していたと考えられる。

今回の実践の中で，特に「水戸黄門」の主題歌である《ああ，人生に涙あり》では，歌に合わせて身体体操を毎セッション始めに実施した。《上を向いて歩こう》《三百六十五歩のマーチ》などの歌では，好みの楽器を鳴らしながら，緩急のあるリズム刺激を提供した。そして《青い山脈》のようななじみのある歌では，歌いながらゆっくり足首の体操をした。特に，毎セッション中に，転倒予防のために足首運動を実施したことなどが，身体機能の改善につながったと推測される。

一方，施設利用者の中には，白内障が進んで視力が低下し，TUG計測に時間がかかり，所要時間の改善が望めない方も出てきた。したがってTUGは，支援Ⅰ・Ⅱ度以上や健常高齢者には良好な評価法ではある。しかし，介護度Ⅰ以上の高齢者の中には，骨折や脳梗塞のため車椅子や歩行器使用となり，計測に参加できない者がでてくることから，TUGは，自力歩行の対象にのみ有効な評価であると考えられる。

(2) 認知機能評価　MMSEについて

施設利用者の平均MMSEは，健常高齢者の平均MMSEと8点近く差があった（図3）ことから，施設利用者の認知機能の低下は歪めない事実であることが確認された。しかし施設利用者のMMSEは，音楽療法第1回目の開始前より，第6回目の終了後の方が1.6点上昇したことから，施設利用者に対する定期的な継続した音楽療法は，認知機能の改善や低下防止につながると考えられる。

一方，MMSEの11項目中，施設利用者も健常高齢者も共通して低下する項目が，4.計算と5.遅延再生であり，共通して維持された項目は，6.物品呼称であった（表2）ことは，大変興味深い症例であると考えられる。なぜなら，認知機能の低下防止には，この低下し易い4.計算力と，数分前の記憶を再生させる5.遅延再生の訓練を行うことであることが示唆されたからである。

さらに，音楽療法第1回目の開始前と第6回目の終了後のMMSEで，施設利用者の低下した項目はほとんど全て0.1～1.0点の幅で改善されていた（表3）。特に，改善の大きかった項目は，4．計算（1.0点）と5．遅延再生（0.3点），そして8．口頭指示（0.3点）であった。このことから，支援及び介護度Iの施設利用者にとって，継続的な音楽療法が，身体，および認知機能改善に，共に有効な実践であったと考えられる。

　一方，施設利用者の中で，11．図形模写だけが，音楽療法終了後に0.3点低下した。これは白内障が進行し視力が低下し，最近書くこともほとんどしていないために，よく書けなかったと話していたことから，この低下は，身体機能の低下による要因と考えられる。このように高齢者施設においては，機能低下の傾向は歪めない事実であることから，機能維持への支援も効果の一つであると考えられる。

　今回のMMSE計測で気がついたことは，健常高齢者の中に，明らかに軽度認知症が疑わしい方が2名含まれていたことであった。恐らく，本人もご家族も，認知症とは気がつかずに日常生活を送っていたであろう。実際このようなケースは，他にも起こり得ることである。現在の認知症治療では，早めの服薬と適切な支援によって，認知症の進行を食い止め，あるいは進行を遅らすことが可能であることから，今後も，地域に根ざした継続的な音楽療法活動を実施していく必要がある。

(3) QOL機能評価について
①機能的評価　BI
　施設利用者のBIは，音楽療法第1回目の開始前のBIより，第6回目の終了後のBIが，平均で5.0点上昇した（図4）。特に，第6回目の終了時に，施設利用者が上昇した項目は，階段昇降や整容やトイレ動作，車椅子からベッドへ移動，入浴など，QOL機能の広範囲にわたって改善が見られたことから，支援及び介護度Iの施設利用者にとって，継続的な音楽療法がQOL機能の改善に有効であると考えられる。

　また施設利用者の機能評価が改善した項目は，7．階段の昇降であり，こ

れは健常高齢者にあっても同じであったことが確認された。つまり，高齢者は，足腰の機能低下が真っ先に現れることが認められた。これは，音楽療法のプログラムと関わり方に，ヒントを与えると考えられる。

実際，音楽療法の日になると，お洒落をしてくる方が多く見かけられた。また早めに来て，会場設置の手伝いをしてくれる方も現れた。つまり定期的な音楽療法活動は，施設利用者の生活の一つとなり，彼らのQOL機能全般に変化をもたらすことが認められた。

②意欲の指標　VI

施設利用者の音楽療法第1回目の開始前のVIは，第6回目の終了後に平均0.1点の改善が見られた（図5）ことから，音楽療法が，施設利用者のQOL機能に効果を与えていると推測される。特に，意欲の指標中，最も改善が見られた項目は，リハビリ・活動であり，「促されて向う」から「自ら，積極的に参加する」に改善されたことであった。このリハビリ・活動の中に音楽療法実践も含まれることから，施設利用者に対して音楽療法が意欲を引き出すための良い刺激になっていることが示唆される。

VIは10点満点であるので，施設利用者のVI平均が9.4～9.5点であったことは，意欲の指標が高いと考えられる。実際，合計6回の音楽療法中，欠席者は延べ2～3人であった。それも理由が，法事や病院の再診日などであったと施設職員から報告されていることから，致し方ないと考えられる。

今回，QOL機能評価として，BI（10項目）とVI（5項目）を用いたが，食事と排泄の項目が重なっていた。したがって，QOLを評価する場合は，BIは項目数は多いが，2～4段階の選択肢であるため回答し易いので，BI評価の方が適当と考えられる。

(4) 心理的機能について

①一般健康計測票　GHQ12

施設利用者は，音楽療法第6回目の終了後に0.8点のうつ傾向の改善が見られた（図6）ことは，3ヶ月間の音楽療法実践の効果があったと考えられる。特に，うつ傾向が見られた（GHQ12が4点以上）施設利用者3名中，

第 5 章　音楽療法の介護予防効果

1 名を除いて，他の 2 名が，第 6 回目の終了後に GHQ12 値が低下し，改善が見られた（表 4）。このことから，継続した音楽療法実践は，施設利用者に対して心理的効果があると推定される。

　一方，施設利用者（GHQ12 が 4 点）1 名と共に，健常高齢者のうつ傾向のある（GHQ12 が 4 点）5 名が，第 6 回目の終了後に改善されることなく，同値に留まっていたことが認められた。したがって，もう少し継続して観察する必要があると考えられる。また健常高齢者の中に，うつ傾向の方がかなりいるということを頭の片隅に留めて，音楽療法を行う必要があることが示唆された。

②うつ対策推進マニュアル調査票

　施設利用者は，音楽療法第 1 回目の開始前より，第 6 回目の終了後に，平均で 0.3 点うつ傾向が改善した（図 6）。また施設利用者の中に，うつ傾向を持つ者（調査票が 2 点以上）5 名が 2 名に減少し，健常高齢者の 6 名が 6 名に留まったことが確認された（表 5）。このことから，継続的な音楽療法は，施設利用者にとって心理的機能改善の効果があることが示唆された。一方，音楽療法実践を行っていない健常高齢者は，施設利用者よりも，うつ傾向の高齢者が 1 名多いことが明らかになった。本研究では，心理的機能評価として，GHQ12（12 項目）とうつ対策推進マニュアル調査票（5 項目）を用いたが，うつ症状の傾向を持つ者は，GHQ12 とうつ対策推進マニュアル調査票ともほぼ同様に捉えられていた。評価における対象者負担を考慮して，どちらか一方の評価で良いと判断されるが，うつ対策推進マニュアル調査票の方が 5 項目チェックだけであるので，GHQ12（12 項目）の方が適当と考えられる。

5．結　論

（1）　施設利用者の身体機能（TUG），認知機能（MMSE），QOL 機能（BI & VI），心理的機能（GHQ12 & うつ対策推進マニュアル調査票）評価の全ての計測において，音楽療法第 1 回目の開始前より，第 6 回目の終了後

の方が，平均評価に改善が見られた。したがって，定期的に継続して行う音楽療法が，対象者の身体・認知・QOL・心理的機能において，有効な刺激を与えていることが示唆された。中でも，高齢者のための音楽療法効果を評価するために，認知機能評価MMSEと心理的機能評価GHQ12が変化を捉えるために有効と認められた。

(2) 心理的機能評価では，対象者に個人差があり，3ヶ月間の音楽療法で改善された対象者が多かった中，残念ながら改善までは至らず，そこに留まるか，さらに低下した方もいた。したがって，今後もこの音楽療法を，さらに継続して観察する必要がある。もし条件が許されれば，特に評価が低下した対象者に対して，個別の対応をとって，頻度を増やした関わりをもつことが望ましい。

(3) 健常高齢者の中に，MMSEやGHQ12が正常範囲以下に低下していることが確認された。本人や家族も気がつかないうちに，認知症やうつ症状に陥っている場合があることが危惧された。したがって，音楽療法実践は，認知症やうつ症状，介護予防のために，施設利用者だけでなく，健常高齢者のためにも，定期的に提供していくことが必要である。

謝辞：本研究をするにあたり，対象者として，研究協力に同意して下さったA施設利用者様，ならびにB地区自治会老人会の皆様に，心から感謝致します。またA施設長の中西様，B地区自治会長の野田様には，対象者への連絡および配置職員や場所への手配などに理解を示していただきまして，ありがとうございました。心から感謝申し上げます。最後に，私と共に音楽療法の実践と評価に協力してくれた同僚の音楽療法士さんに厚くお礼申しあげます。

参考文献

1　厚生労働省「国民の健康寿命が延伸する社会に向けた予防・健康管理に係る取組みの推進」2013年　http://www.mhlw.go.jp/stf/houdou/0000019326.html（2013年8月23日アクセス）
2　総務省統計局の人口推計（平成25年（2013年）7月確定値）平成25年12月概算値，http://www.stat.go.jp/data/jinsui/new.html（2013年12月25日アクセス）
3　厚生労働省の平成22年度「認知症有病率調査」報告，2010年　http://www.mhlw.go.jp/stf/shingi/2r98520000033t43-att/2r98520000033t9m.pdf（2013年8月23日アクセス）

4 公益財団法人生命保険文化センター「健康寿命とはどのようなもの?」2011年 http://www.jili.or.jp/lifeplan/lifesecurity/oldage/3.html（2013年8月23日アクセス）
5 「平成22年完全生命表」の「平均寿命と健康寿命の差」http://www.mhlw.go.jp/bunya/kenkou/dl/chiiki-gyousei_03_02.pdf
6 佐治順子・猪股千代子，2008，「音楽療法がパーキンソン病患者の健康状態に与える効果に関する評価研究—ケアリングの視点から作成したアンケート調査を通して—」『日本音楽療法学会誌』8巻2号，pp. 154-163
7 佐治順子，2006，『認知症高齢者の音楽療法に関する基礎的研究』風間書房
8 島田裕之他，2006，「高齢者を対象とした地域保健活動における Timed Up & Go Test の有用性」『理学療法学』33巻3号，pp. 105-111
9 河野和彦，2010，『自宅でかんたん 認知症診断ブック』ダイヤモンド社
10 Mahoney F. L. & Barthel et al., 1965, Maryland. State. Mad. J. 14: 61-65. 鳥羽研二監修，2003，『高齢者総合的機能評価ガイドライン』厚生科学研究所
11 Toba K. et al., 2002, Geriatrics and Gerontology Intern 2: 23-29. 鳥羽研二監修，2003，『高齢者総合的機能評価ガイドライン』厚生科学研究所
12 Goldberg D. P., 1972, *The detection of psychiatric illness by questionnaire, Maudsley Monograph No. 21*. Oxford Univ. Press, London. 中杉泰彬訳編，1981，「質問紙法による精神・神経症状の把握の理論と臨床的応用」国立精神衛生研究所
13 厚生労働省「うつ対策推進方策マニュアル調査票—都道府県・市町村職員のために—」，55, 2004. http://www.mhlw.go.jp/shingi/2004/01/dl/s0126-5a.doc（2013年8月23日アクセス）

学校犬「すず」とコミュニケーション

櫻井秀樹

　2008年（平成20）8月18日，学校犬「すず」は，生後6ヵ月の時，私の研究室にやってきました。まだ被毛が短く，痩せて貧相な姿は，ゴールデンレトリバーに見えませんでした。すずは，むやみに吠えることなく，お座りや伏せなどを身につけていましたが，やんちゃ盛りのすずに，この後1年ほど大変な思いをさせられました。学校犬「すず」とコミュニケーションについて，当時を振り返ってみようと思います。

　私の学生時代に所属していた研究室には常に犬がいて，当番で給餌，給水，散歩や掃除など，犬の世話をした経験がありましたが，若い犬を育てるのは初めてでした。そこで，本学で犬の授業を担当する山越哲生先生のパピークラス（犬の幼稚園）をすずと一緒に受講し，短大の授業にも出席して，すずとコミュニケーションをとる方法を学びました。

　コミュニケーションは，人と人が良い関係を築くため，あるいは，仕事に就くためにも重要視されるスキルです。それは単なる情報発信，伝達にとどまらず，意味や感情を伝え合い，相互に理解しあうことが本来の目的となります。人同士のコミュニケーションは表情，態度，言葉によって，ほとんどの意味や感情のやりとりがなされます。

学校犬「すず」

　表情，態度は人と犬のコミュニケーションにも重要ですが，言葉はどうでしょうか。犬は何個ぐらいの言葉を理解できるかというと，おそらくゼロです。これまで他の犬よりも，数多くの人に，多分，何万回も「すず」と名前を呼ばれてきたすずですが，自分の名前をすずだとわかっていないのです。それでも私は，人に対して，最も上手くコミュニケーションをはかろうとする動物は，間違いなく犬だと思っています。

　私は，すずと散歩に行く前に，必ず，「すず，散歩」と声をかけました。すずは，散歩という言葉に反応します。反応とは具体的にいうと，両前肢を伸ばし，お尻を持ち上げ，尻尾を振ったり，それから，軽く飛び跳ねたりもします。ただ，「すず，産婆」「すず，秋刀魚」などと言ってみても同じように反応します。すずは，

言葉の意味を理解するわけでなく，言葉のリズムとか声のトーンを聞き分け，私の表情や動きを見て，何かいいことがありそうだと察しているのでしょう。
　人と犬は言葉で通じ合うことは不可能と思われますが，「待て」「よし」「おりこう」「おいで」「ダメ」くらいは，根気よく犬と接していると，何となく通じるようになります。普通のペットは，これで十分うまくやっていけます。しかし，すずは学校犬です。授業やイベントで活躍しなければならない使命がありました。そのためには，さらにコミュニケーションを深め，おしとやかな犬になって欲しいと思い，日常の世話の中にトレーニングを取り入れました。
　山越先生の講座で習うトレーニングでは，クリッカーを使います。クリッカーとは，ステンレス板を指で押し，カチンと音を鳴らす道具で，イルカショーのホイッスルと同じ役目をします。私が望むことを，すずが試行錯誤し，正解を出したとき，すかざずカチンと鳴らして，ご褒美のおやつを与えます。
　私は，すずの食事の際，ドッグフードをご褒美に，このトレーニングをしていました。イベントでは必ずうける「死んだフリ」などはこの時に覚えました。一度覚えると，クリッカーとご褒美無しでも，言葉やサインで行動するようになります。クリッカーは，すずを確実に褒める言葉として機能し，すずを喜ばせます。
　すずは3歳頃まで，たびたび自分の排泄物を食べました。犬にはよく見られる行動ですが，何とかしてやめさせようと，マズルをつかみ，大声で「こら」と叱りました。何度も叱ったのですが，結局やめなかったので，排便後，すぐに排泄物を片付けるようにして，食べさせないようにしました。犬に罰を与えるのならば，やめさせたい行動をして数秒内に，かつ，その行動をしたときには，もれなく罰を与えなければ効果がないことを後で知りました。
　つまり，すずが排泄物を口に入れようとした時，または入れた瞬間に罰を与えれば，してはいけないことがわかるのですが，すでに，うんちまみれのすずに罰を与えても，すずはなぜ罰を与えられたのかがわからないのです。罰の意味が通じなければ，ただの動物虐待です。
　現在，すずは，業者さんの家で生活し，授業時間に合わせ学校に来ています。久しぶりに会うと，すずは，スリッパをくわえ，目を細め，笑ったような表情で，尻尾を振り近寄ってきます。クリッカーで教えたことではありませんが，こうすれば相手が喜び，かまってくれることを偶然知ったのでしょう。私は，すずのこの表情を見ると心が癒され，笑ってしまいます。そして，このような姿を見て，やはり犬こそが最も，人と上手くコミュニケーションできる動物だと感心させられます。

第6章

こどもの健康についての一考察
——放課後児童クラブの異年齢集団の活動に着目して——

石川拓次

「どんぐりクラブは，僕らのお家。僕らは昼間の兄弟です。時には喧嘩もするけれど……」。これは，筆者が30数年前に通っていた千葉県にある放課後児童クラブで，新入生の歓迎会の時に上級生が行った呼びかけの一節である。

昼間のお家，そして，そこにいる仲間は兄弟と形容される放課後児童クラブは，1950年ごろから東京や大阪の大都市圏において，働きながらの子育てを実現させることを目的にその設置活動が始まった。1962年には新聞紙上にも用いられ，その存在感は徐々に増していく。しかし，その制度化については，度重なる請願にもかかわらず，長い年月がかかり，ようやく1997年6月の児童福祉法の改正により，厚生労働省（以下，厚労省）管轄の「放課後児童健全育成事業」として，法律の中に位置付けられた。

一方で，1966年には文部省（現文部科学省，以下文科省）が，留守家庭児童会補助事業を始め，1970年からはそれを校庭開放事業に統合した。その後，放課後施策として，「全国子どもプラン」（1999年～）や「新子どもプラン」（2002年～），そして，「地域子ども教室」（2004年～）などさまざまな施策が行われている。

2007年3月に政府から出された「放課後子どもプラン」は，これまで厚労省と文科省と分かれて展開していた事業を一体的，もしくは連携して行うこととなったものである。これについては，現場サイドや識者から2つの事業の性格の違いなどの問題点が指摘されている。

次に全国規模の調査における放課後児童クラブの概要についてみてみよう。まず，運営主体についてである。放課後児童クラブの運営は，公立公営（設立も運営も市町村）が40.5％，法人等が21.8％，地域運営委員会が18.2％，社会福祉協議会が10.5％，そして，その他が1.9％となっている。
　また，開設場所については，学校施設内が51.3％，児童館内13.3％，その他の公的施設が9.3％，放課後児童クラブ専用施設が8.0％，法人等の施設が6.7％，民家・アパートが6.4％，その他が5.0％となっている（全国学童保育連絡協議会2013．以下本章の数値は同書より）。
　そして，在籍児童数については，9人以下が3.6％，10～19人が10.8％，20～39人が37.4％，40～49人が19.2％，50～70人が22.8％，71～99人が4.9％，100人以上が1.3％であった。
　放課後児童クラブの特徴の1つに，異年齢交流があげられる。現代の家族は，核家族化が進み，合計特殊出生率（一人の女性が生涯に産むこどもの数）も1.41（厚生労働省2013b: 14）と少子化の傾向は止まらず，一人っ子の割合も高くなっていることを考えると，児童期における日常の生活で異年齢交流が行われることは少なくなっている。しかし，放課後児童クラブは，小学校1年生から6年生まで（地域によっては学年の制限もある）の児童が放課後をともに過ごす場であるため，通常の学校教育にみられる横割りの関係よりも縦割りの関係が強くなる。異年齢交流は，成長期のこどもたちにとってさまざまな影響を与えることが考えられる。
　一方，世界保健機関（WHO）は，1946年のWHO憲章にて，健康を「Health is a state of complete physical, mental and social well-being and not merely the absence of disease or infirmity.（健康とは，病気ではないとか，弱っていないということではなく，肉体的にも，精神的にも，そして社会的にも，すべてが満たされた状態にあること）」（日本WHO協会2010）と定義している。
　現代のこどもたちの健康課題は，食習慣および生活習慣の乱れ，体力・運動能力の低下など多様化，複雑化している。そこで，本章では，放課後児童クラブの異年齢交流の実際をみていく中で，こどもたちの身体的，精神的，そして，社会的な健康について考えていきたい。

1．身体的な健康

(1) 今と昔のこどもたち

　筆者が小学校1年生であった今から31年前，1982年の放課後の時間を少しのぞいてみよう。こどもたちは学校から帰ると，ランドセルを放り投げ，外の空き地（空間）へ行き，近所に住む同年齢や異年齢のこどもたち（仲間）と夕方遅くなり辺りが真っ暗になるまで（時間），野球をしたり，缶蹴りをしたりして遊んでいた。そこでは，自然な形で異年齢交流が行われており，所謂，ガキ大将を中心として，こども同士の人間関係の中でそれぞれが役割を果たして，ひとつのコミュニティーを作り，遊びに興じていた。

　この状況が大きく変化するのが翌年の1983年である。この年，家庭用ゲーム機ファミリーコンピュター（以下，ファミコン）が発売された。こどもたちは家庭でファミコンに興じるようになり，外で遊ぶ機会はめっきり減った。さらに，現代では，情報技術が発展し，インターネットや携帯電話，スマートフォンなどで簡単に他者とコミュニケーションをとることができるようになった。その反面，他者との関係性は希薄となり，誰かと一緒にいても孤独を感じていることも多いとされる。このことは現代を生きるこどもたちにも大きな影響をあたえている。インターネットや携帯電話，電子ゲームの普及はこどもを一人の世界に閉じ込め，その結果，自然に存在していたこどもたちのコミュニティーを崩壊させた。

　近年，こどもたちの体力・運動能力の低下が問題となっている。武藤は，小中学生の体力・運動能力を約25年前の同年代と比較し，走る力，投げる力，跳ぶ力，握力のいずれも，現在の児童生徒の方が低く，全体的な低下現象の中にあって，体力・運動能力の低下は，運動・スポーツをしないこどものほうがより大きいことも示されていると述べている（武藤2007: 1-8）。

　その原因として，便利（convenience）というキーワードと先に述べた空間・時間・仲間の3つの「間」（以下，3間と記す）の減少が挙げられている（武藤2007: 1-8）。生活の豊かさが向上し，科学技術が発達し，日常の生活においても便利な生活が営めるようになった。それにより日常の活動量が

減り，身体を意図的に動かす必要性が増した。また，3間の減少は，特にこどもたちから遊びの環境を奪い，体力・運動能力低下へとつながっていった。この体力・運動能力の低下は，こどもたちの身体的な健康を考えるうえで大きな要素の一つになるものである。ここでは，放課後児童クラブの異年齢交流を通じて，身体的健康について遊びを中心とした運動に着目して述べていきたいと思う。

(2) 放課後児童クラブと身体的健康

異年齢交流が盛んに行われている放課後児童クラブにおいては，先述した3間が残っている。全国学童保育連絡協議会の調査によると，小学校の低学年の児童は，小学校で過ごす時間が1年間で1221時間，放課後児童クラブで過ごす時間が同じく1681時間と，小学校で過ごす時間よりも，放課後児童クラブで過ごす時間が長く，遊びの時間も充分に確保できる。

また，多くの放課後児童クラブが小学校内に設置されているか，小学校に隣接されているため，校庭などで十分な広さの遊び場がある。また，放課後児童クラブ内に専用のグラウンドを持っているクラブもあり，遊び場所も十分に確保されている。

そして，放課後児童クラブは小学校1年生から6年生までが放課後や長期休暇中に一緒に過ごす場所である。それゆえ，こどもたちはそれぞれに同年齢であれ，異年齢であれ遊びの仲間を得ることができる。

このように放課後児童クラブは現代の社会では得にくくなった，空間，時間，仲間の3間が自然な形で存在している。特に仲間については，異年齢での交流も盛んに行われており，こどもたちの体力・運動能力向上を中心とした身体的な健康への効果も期待される。

(3) 異年齢交流と身体的健康
①三重県における放課後児童クラブと異年齢交流

筆者らは，放課後児童クラブにおける異年齢交流の現状について調査を行うために，三重県内の放課後児童クラブに質問紙調査を行った。質問紙を三

重県内の放課後児童クラブ264ヶ所に配布をし，178ヶ所（回答率67.4％）から回答を得た。

最初に，三重県における放課後児童クラブの実態について触れておこう。放課後児童クラブの設置数は297ヶ所，そこに10,280名の児童が利用している（平成25年5月1日現在）。三重県の小学校数は414校であるので，放課後児童クラブの設置率は，71.7％（全国平均102.2％）である。設置率は全国平均を大きく下回っており，放課後児童クラブが多く設置されている都道府県ではない。

また，運営主体は，その多くが公設民営（設立は市町村が行い，運営は保護者会や運営委員会などの民間が行う）であり，公設公営は少数である。全国的には公設公営が約40％を占めていることを考えると，三重県における放課後児童クラブの特徴の一つであると考える。

それでは，放課後児童クラブの異年齢交流についてみていこう。異年齢交流の実施についての設問の結果を表1に示した。「とても多い」および「まあ多い」を合計した値は，遊びでの異年齢交流（以下，遊び時）94.9％，遊び以外（食事・宿題など）の異年齢交流（以下，遊び以外時）90.9％と放課後児童クラブにおける異年齢交流は，遊び時および遊び以外時のどちらでも盛んに行われていた。

表1　学童保育における異年齢交流について

	とても多い	まあ多い	どちらとも言えない	あまりない	まったくない	総計
遊び時	105 60.0%	61 34.9%	6 3.4%	3 1.7%	0 0.0%	175 100.0%
遊び以外時	95 54.3%	64 36.6%	7 4.0%	9 5.1%	0 0.0%	175 100.0%

また，放課後児童クラブの遊びを参与観察する中で，ドッヂボールや鬼ごっこなどの外遊びで1年生から5年生までの異年齢交流が行われていた。その際，新たに遊びに参加する場合には上級生および下級生の区別なく「入れて！」の一言によって仲間に入ることが自然に行われていた（写真1）。

写真1 　　　　　　　　　　　　　写真2

また，室内遊びにおいても，将棋を行っている場面で，上級生が下級生に将棋のルールを教えながら一緒に遊んでいた（写真2）。
②異年齢交流と低学年児童の成長

　このように，放課後児童クラブでは日常的に異年齢交流が行われている。この異年齢交流がこどもたち，特に低学年の児童の身体的な健康，特に身体の発達および体力・運動能力に影響があるのではないかとの着想に至った。

　そこで，筆者らは，異年齢交流が低学年の児童の体力・運動能力に及ぼす影響について調査を行った。対象は鈴鹿市にある放課後児童クラブに所属する低学年の男女児童であった。本調査では，活動時間が長くなる夏期休暇中から11月までの遊びを中心とした異年齢交流を観察し，その前後で体力・運動能力測定を行った。

　調査の測定項目として，20m走，ドッヂボール投げ，そして，立ち幅跳びの3種目を行った。また，異年齢交流についての質問紙調査も行った。その質問紙調査から，異年齢交流をよく行うこども（以下，実施群）とあまり行わないこども（以下，非実施群）に分けて，比較検討した。

　対象放課後児童クラブの概要を表2に示した。この放課後児童クラブの運営形態は，公設民営である。在籍児童132名，指導員数10名（常時6〜7名），専用のグラウンドを持ち，遊具もバスケットゴール，サッカーゴールなど豊富にある。

　体力・運動能力測定の結果を図1に示した。結果として，調査期間内で体力・運動能力の向上はみられたが，実施群と非実施群との間に差はみられな

第6章　こどもの健康についての一考察

表2　対象放課後児童クラブの概要

クラブ名	郡山地区放課後児童クラブサンキッズⅠ・Ⅱ	
運営主体	公設民営（運営委員会による）	
開設日	Ⅰ：平成12年4月1日	Ⅱ：平成21年4月1日
設置場所	鈴鹿市郡山町（小学校外専用施設）	
児童数	132人	
	1年〜3年：71名	4年〜6年：61名
指導員数	10人	
設備	部屋(2室)　指導員室　調理場　トイレ グラウンド　砂場　机　個人ロッカー テレビ　エアコン　ボードゲーム(将棋・オセロ等) 漫画　本　ブロック バスケットゴール　サッカーゴール　卓球台	

かった。

　放課後児童クラブにおける遊びの位置づけについて，高橋は，保護者や指導員にとっては，「保育」や「教育」の場であっても，こどもにとっては「遊び」の場でなければならなく，こどもは「遊び」を通して知育・徳育・体育を身につけ，

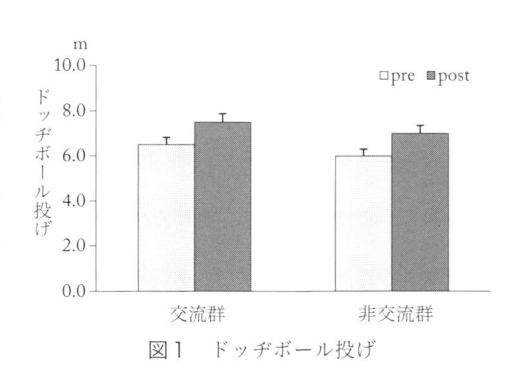

図1　ドッヂボール投げ

それらを伸ばすと考え，放課後児童クラブは，そのような「遊び」の場を保障する場でなくてはならないと述べている（高橋2006: 21-40）。

　また，放課後児童クラブにおける遊びの実践指導を通して，低学年児童の遊びはスポーツのように制度化・形式化された遊びと異なるとの報告もある（古城・川内2008: 71-86）。つまり，放課後児童クラブにおける遊びは，こどもたちの生活の一部であり，楽しく，充実した生活を送る一つの手段であると考えることができる。また，遊びは少種類に限定されることもなく，多種類のさまざまな遊びを通して，身体の多様な機能を使うことも可能となる。
　その中で，山崎や三河が示すように，異年齢の仲間が関わる生活の中で成

長するこどもたちの姿を目の当たりにすることになるのである。つまり，低学年の児童は，上級生と一緒に遊ぶことによって，上級生を尊敬し，憧れの眼差しでみて，一歩でも近づきたいと思うようになる。これが，体力や運動能力の向上となっていち早く表れる一つの要因となる（山崎2010: 6-9；三河1982: 28-30）。

つまり，放課後児童クラブの異年齢交流では，上級生が行っていることを見て，それを，真似をし，自身で実際に行うことによって，低学年のこどもたちはこれまでできなかったことができるようになり，その中で一つ一つ成長し，身体的な健康を獲得していくことにつながっていくものと考える。

２．精神的な健康

（1）放課後児童クラブと指導員

放課後児童クラブには，こどもたちと一緒に遊んだり，生活の世話をしたりする指導員が全国で92,500人がいる。一度に何十人もの，時には百人以上のこどもたちを相手に，日々奮闘している指導員の多くは，保育士，幼稚園教諭および小学校教諭免許を所持していることが多い。また，子育て経験者など本人の経験から指導員として活動されている方もいる。

しかし，その指導員の多くは，不安定な雇用で勤務している非正規職員（非常勤，臨時，嘱託，パート）である。年収も7割弱の指導員が150万円以下であり，退職金，社会保険，時間外手当などの待遇も不備なことが多い。

これらのことが原因となって勤務年数は3年以内で退職する指導員も多く，保育内容の蓄積・向上に大きな障害となる。近年では指導員不足のため，欠員を生じている放課後児童クラブもある。

しかし，筆者らが行った調査において出会った指導員の方々は放課後児童クラブに対して強い情熱と信念を持ち，さまざまな実践を行っていた。そして，その指導員の情熱と信念が放課後児童クラブのこどもたちに大きな影響を与えている。本節では，放課後児童クラブの指導員がこどもたちに与えている影響について，特に，精神的な健康に着目して述べていく。

(2) 放課後児童クラブと精神的健康

　放課後児童クラブにおいて，こどもたちの精神的な健康に指導員は大きな影響を与える。

　遊び時における異年齢交流を指導員が促しているかとの設問の結果を表3に示した。指導員の促しについては，放課後児童クラブの規模によって違いがみられた。すなわち，大規模（在籍児童40人以上）や中規模（同20～39人）では，指導員による異年齢交流の促しはよく行われているが，小規模（19人以下）では，指導員による促しはあまり行われていなかった。

　そして，遊び以外時において異年齢交流を指導員が促しているかの設問においても同様の結果が得られた（表4）。

　そこで，鈴鹿市内の設立10年以上の放課後児童クラブの指導員に放課後児童クラブにおける遊びや異年齢交流についての質問紙調査を行った。調査は，直接手渡し法によって配布し，回収も直接行い，その際，不足している部分については，再度質問を行った。調査内容は，指導員の遊びへの関わり方，遊びの環境づくり，そして，異年齢交流等についてであった。

　質問紙調査の結果についてみていこう。指導員の遊びへの関わりについて，「こどもたちと一緒に遊ぶことを基本にしている」との回答が多くみられた。その中で，「楽しさや遊びのやり方（ルール）を伝え，こどもたち同士でも遊びが成立する場合は，状況を見て中に入ったりすることがある」との回答がみられた。

　また，指導員が遊びを提案する場合は，「年間を通じて集団遊び（複数でルールのあるもの）を心がげている」や「多くの人数で遊べるような遊びを指導員が意図的に提案することもあれば，すでに遊びが始まっている中に入って一緒に遊ぶこともある」との回答がみられた。

　その理由として，「基本的には，一緒に遊び，楽しさを共感し，同じ体験をすることで，一体感や信頼関係も得られると思うから」との回答があった。

　また，遊びの中での異年齢交流については，放課後児童クラブでは自然に異年齢での交流が行われており，「学童保育は異年齢と遊ぶのが当たり前で働きかけなどない」や「低学年が高学年を頼りにして自然と高学年を中心に

表3　遊びにおける異年齢交流の促しについて

	とても多い	まあ多い	どちらとも言えない	あまりない	まったくない	総計
大規模	14 23.7%	35 59.3%	4 6.8%	5 8.5%	1 1.7%	59 100.0%
中規模	20 29.4%	32 47.1%	8 11.8%	8 11.8%	0 0.0%	68 100.0%
小規模	6 13.0%	20 43.5%	3 6.5%	16 34.8%	1 2.2%	46 100.0%

クラスカル・ワーリス検定（Kruskal Wallis Test）
H値＝9.36
$p < 0.01$
大規模 v.s. 中規模　　n.s.
大規模 v.s. 小規模　$p < 0.01$
中規模 v.s. 小規模　$p < 0.01$

表4　遊び以外（食事・勉強）における異年齢交流の促しについて

	とても多い	まあ多い	どちらとも言えない	あまりない	まったくない	総計
大規模	14 23.7%	31 52.5%	2 3.4%	11 18.6%	1 1.7%	59 100.0%
中規模	19 27.9%	30 44.1%	8 11.8%	11 16.2%	0 0.0%	68 100.0%
小規模	7 15.2%	17 37.0%	3 6.5%	17 37.0%	2 4.3%	46 100.0%

クラスカル・ワーリス検定（Kruskal Wallis Test）
H値＝7.21
$p < 0.05$
大規模 v.s. 中規模　　n.s.
大規模 v.s. 小規模　$p < 0.05$
中規模 v.s. 小規模　$p < 0.05$

遊んでいる」、「異年齢のこどもと自然に関わりを持っている」との回答がみられた。

　一方で、「鬼ごっこなど集団遊び的な遊びに発展するよう意図的に働きかける」や「指導員が入っている場合は、声かけをしていく。また、異年齢同士で遊ぶきっかけになるように、片付けなど、当番活動などの活動の中で関わりが持てるように考える」など、指導員が異年齢交流を促すとの意見もみられた。

また，回答の中には，「ドッジボールや鬼ごっこなど集団あそびの時も1年〜6年まで遊ぶこともある。小さい子には手加減をしたりできるようになる」や「オセロなどのゲームやトランプでのゲームも小さい子が負けることがあるが，次頑張れるように声掛けをする。また，同じところで半年以上一緒に過ごすと大きい子たちが小さい子を自然とかばってくれるようになる」など，異年齢交流でのこどもたちの成長についての感想もみられた。

　反対に，異年齢交流の難しさについての意見もいくつかみられた。回答の中には，「男女とも，学年関係なく，よく遊ぶが，やはり上級生は強く言ったり，きつい言葉を使ったりするのもたびたび耳にする」や「大規模の放課後児童クラブにおいては，どうしても同じ学年同士で遊ぶことが多くなる」，「掃除の班はあるが，他には班はない。おやつのときなどは好きな者同士で食べている。班にするとこどもたちから反発がある」，そして，「女子は上級生になってくると下級生を気にするようになるが，男子ではそうした傾向に乏しい」などの回答がみられた。

　これらの対策として，「指導員からの提案による実力に配慮した暗黙のルールの設定」や「遊びの中での雰囲気作り」，「月に1度，お誕生会ということで，その月のお誕生月のこどもたちで相談し，提案した遊びを全員で遊んでいる」，そして，「クリスマス会などでは在籍しているこどもたちの名前を使ってビンゴゲームをするなど，互いの存在を意識するような工夫をしている」などの回答がみられ，指導員が工夫をして異年齢交流を行っていることがうかがえた。

　また，「自分さえよければいい，面倒くさい，というような現代っ子特有の感じがあると思う」や「指導員を始めた頃はこどもの数も21〜22人くらいで，みんなで遊んでいたが，今はイベント時などにこちらで設定しないと，なかなか一緒には遊べなくなっている」などの意見もみられた。

　このように，放課後児童クラブは，指導員の情熱や信念がこどもたちの遊びを中心とした異年齢交流にも大きな影響をあたえる。川又らが行ったインタビュー調査で，ある放課後児童クラブの指導員は，「3つの間（時間・空間・仲間）には，もう一つ『手間』も入れたい。料理でも下ごしらえでひ

と手間かけると，とても美味しくなりますものね」と述べていた（川又他 2013: 75–91）。この指導員たちの『手間』がこどもたちの精神的な成長を促す一助となりうるのである。

3．社会的な健康

(1) 社会的な健康とは

WHO憲章で定められている健康の中で，「社会的な健康」については，身体的，精神的健康と比べると不明確なことが多い。社会とは，私たちを取り巻く環境である。環境には，生活の場，生活の資源，そして，環境要因に分けることができ，それらが相互に関わりあって人間の環境を形成している（鈴木2013: 125）。社会的な健康という場合，特に生活の場（人間関係）としての環境がとても重要である。

厚生労働省は，社会的健康を「他人や社会と建設的でよい関係が築けること」としている（厚生労働省2013a）。つまり，社会的健康を，個人と個人のコミュニケーションおよび個人と社会のコミュニケーションが良好である状態と捉えている。

また，荒井は，大学生にとって社会的に健康である状態を，友達がたくさんいること，非常に仲の良い深い関係を持つ友達がいること，そして，困った時に相談できる先生や先輩がいることなどを挙げている（荒井2012: 93–94）。

「人間」を人の間と書くように，人間は人と人の間に入って初めて人間となる。人間関係やコミュニケーションスキルは社会的な健康を高めるためには必須である。ここでは，放課後児童クラブの異年齢交流を通して，社会的な健康について考えていきたいと思う。

(2) 放課後児童クラブと社会的健康

筆者らが行った放課後児童クラブの異年齢交流の調査において，上級生のこどもたちが下級生のこどもたちの面倒をみる機会について尋ねた結果を図

2に示した。結果として,「とても多い」,「まあ多い」を合わせて87％であり,放課後児童クラブにおいて上級生が下級生の面倒をよくみていることがうかがわれた。

また,指導員が下級生の面倒をみるのを上級生に促すことがあるかについて尋ねたところ,「よくある」,「ある」を合わせて67％であり,指導員による促しについてもよく行われている（図3）。

参与観察においても,上級生が中心となり遊んでいる姿を数多く確認している。その際,遊びや野球やサッカーなどのスポーツの一般的なルールを変更することにより,下級生でもできるように工夫し,一緒に遊んでいた。その際には,中心になる上級生がいること,また,指導員が上手に誘導していることが観察された。

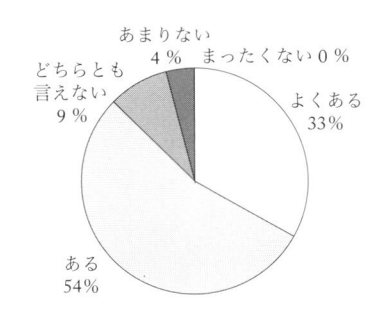

図2 上級生が下級生の面倒をみることがありますか

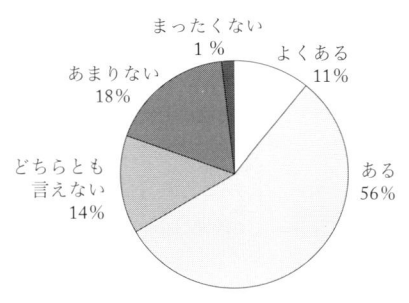

図3 指導員の促しで上級生が下級生の面倒をみさせることがありますか

古城ほかは,大分県内の大分県のある放課後児童クラブで参与観察と聞き取りを行った結果,スポーツ的遊び等54種類を収集した他,参与観察の結果,こどもたちは,異年齢で一緒に遊ぶなかで,その遊びをより面白くするようにルールを作り変えていると報告している（古城・川内2008: 71-86）。

一方で,放課後児童クラブにおいてこどもたちのちょっとした諍いはよく起こることである。こどもたちの諍いはその対応によってはこどもたちの成長を促す一つの経験となる。筆者らの調査にて,下級生の喧嘩や諍いを上級生が仲裁に入ることがあるかとの設問をしたところ,「よくある」と「ある」を合わせて72％であり,放課後児童クラブで上級生が下級生の喧嘩や諍い

の仲裁に入っていることがあるとの結果がでている（図4）。

参与観察においても，ある放課後児童クラブのおやつの時間にちょっとしたこども同士の諍いが起こり，その場を上級生の女児が仲裁に入り，その場を治めたことがあった。指導員の方に聞くと，こども同士の諍いはよく起こることである。基本的には指導員が仲裁に入って解決するが，時には，上級生が仲裁に入ることもあるとのことであった。

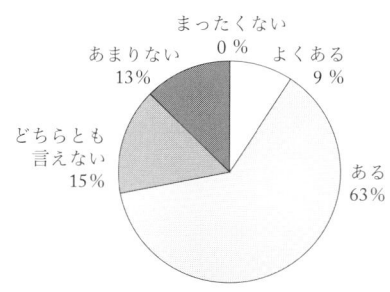

図4　下級生の間に喧嘩や諍いが起こった場合，上級生が仲裁に入ることがありますか

また，別の放課後児童クラブの指導員にうかがうと，こどもたちを注意する時，指導員が直接注意するよりも，上級生の方から言った方が時には効果的に働くこともあるとのことであった。

このように，放課後児童クラブに通うこどもたち，特に上級生のこどもたちにとって，放課後児童クラブはコミュニケーションスキルを獲得し，社会的な健康を獲得する機会となっている。すなわち，上級生が下級生の面倒をみたり，一緒に遊んだりすることにより，下級生との人間関係をつくり，優しさや思いやりなどの情緒的な面での成長をみせるようになるのである。

これは，通常の学校生活では経験することがあまりない異年齢交流（注：学校によっては縦割り学級などで実践しているところもある）という場で行われていることが多い。そして，この経験がこどもたちの社会的な健康をつくる基礎となっている。

まとめ

以上のように，放課後児童クラブは，こどもたちの身体的，精神的，そして，社会的な健康を育む場所として需要な役割を果たしている。

筆者も小学校4年生まで放課後児童クラブに通い，その活動を通じて，健康になるための礎を築いてきた。今考えるとそのためには上級生や下級生と

第 6 章　こどもの健康についての一考察

の異年齢交流や指導員をはじめとする両親以外の大人との関わり合いが大きな影響を与えていたように思う。

放課後児童クラブで過ごす小学校時代は，心も身体も大きく成長する時期である。この時期に，さまざまな人との関わりを通して，自己を形成していくことが大切である。そして，その最も基礎的な部分として身体的，精神的，そして，社会的な健康の基礎を築くことが必要であり，それを促す一つの方策として異年齢交流は大きな効果を発揮するものと考える。

参考文献

荒井弘和，2012，「「社会的健康」が体育を大学教養教育の中心に導く」『法政大学体育・スポーツ研究センター紀要』30，pp. 93-94

川又俊則・渋谷郁子，2013，「第 6 章　学童指導員の語りにみる「遊びと成長」」，川又俊則・渋谷郁子・石川拓次『放課後に成長する子どもたち』三重こどもわかもの育成財団平成24年度青少年育成調査研究事業「放課後児童クラブの『遊びと成長』」に関する研究」報告書，pp. 75-91

古城健一・川内敬介，2008，「学童保育クラブにおける遊びの研究―運動遊びを中心として―」『大分大学教育福祉科学部研究紀要』30巻 1 号，pp. 71-86

厚生労働省，2013a，「健康日本21―休養・心の健康―」http://www1.mhlw.go.jp/topics/kenko21_11/b3.html（2013年 9 月30日）

厚生労働省，2013b，「平成24年（2012）人口動態統計（確定数）の概況」http://www.mhlw.go.jp/toukei/saikin/hw/jinkou/kakutei12/dl/09_h5.pdf（2013年 9 月25日）

三河孝子，1982，「異年齢集団のなかでよみがえる子どもたち」『日本の学童ほいく』No. 78，特集／学童保育の異年齢集団を学ぶ，pp. 28-30

武藤芳照，2007，「第 1 章　児童・生徒の体力・運動能力およびスポーツ傷害の実態，1.児童・生徒の生活習慣の現状と体力・運動能力の実態」，「運動器の10年」日本委員会編『学校における運動器検診ハンドブック―発育期のスポーツ傷害の予防―』南江堂，pp. 1-8

日本 WHO 協会，2010，「世界保健機関（WHO）憲章」http://www.japan-who.or.jp/commodity/index.html（2013年 9 月29日）

鈴木庄亮，2013，「第 6 章　環境保健」『シンプル衛生公衆衛生学』南江堂，pp. 125-134

髙橋ひとみ，2006，「学童保育と「子どもの遊び」に関する一考察」『桃山学院大学人間科学』No. 31，pp. 21-40

山崎素裕，2010，「三年生ってすごいなあ―児童館内の学童クラブですごす子どもたち―」『日本の学童ほいく』No. 415，特集／学童保育―異年齢の子どもたち，pp. 6-9

全国学童保育連絡協議会，2013，「2013年 5 月 1 日現在の学童保育の実施状況調査結果」http://www.2s.biglobe.ne.jp/Gakudou/2013kasyosuu.pdf（2013年 9 月26日）

養護教諭とコミュニケーション
―― ヘルスカウンセリングの授業から ――

大野泰子

※学校教育では心身の健康こそが大切

　教育は人間形成であるといわれますが，そのような教育を行うためにも健康であることは基本です。今日保健室を訪れる児童生徒の数は，日本学校保健会が行った平成18年度保健室利用状況に関する調査によると，1校当たり1日平均利用者数は小学校40.9人，中学校37.9人，高等学校35.6人です。平成23年度調査においても同様な状況であり，この背景には「心」に関する問題が40％を占めていると報告されています。社会や家庭が変化してきた今日において，学齢期のこどもたちの心とからだの健やかな発育発達にかかわる仕事は，養護教諭の役割として大いに期待されています。

※養護教諭のコミュニケーション力

　養護教諭は保健室で心とからだの健康相談や対応をするに当たり，専門的な医学的知識や看護技術を持ち，教員として児童生徒の発育発達を見守り援助する役割（養護をつかさどる）があります。そして，保健室に来るこどもの心に寄り添うコミュニケーション力を持っていることが求められています。

　しかしながら，養護教諭を目指して入学した学生たちのなかにも，精神的に未成熟で自尊感情やコミュニケーション力不足を感じる人もいます。その理由として，幼児期からの遊びはTVやDVD，ゲームなどの一人で楽しむものが中心で，関わる人が少ない家族環境や，塾や習い事に忙しい学齢期を過ごしていることが考えられます。大人しく人より目立たないこと，世話をかけさせないことが良い子である風潮もあります。中高校生時代は，友達とは感情の伝わらない携帯電話のメール会話で済ませていて，コミュニケーション力不足に拍車をかけているのではないかと思われます。

　将来教師や特に養護教諭を希望する学生は，この部分での成長が必要だと思われます。

※心理教育を取り入れた授業の一考

　教育授業研究では，学習集中力や意欲を高めるために，このようなゲーム（エクササイズ）を取り入れた授業方法が活用されています。

　私は3年前からコミュニケーション力向上を目標に，心理教育として行われている構成的エンカウンターやアサーショントレーニング，ソーシャルスキルトレーニングなどのミニエクササイズを「ヘルスカウンセリング」の授業導入に使っています。各エクササイズは，学生2人で担当し進行します。昨年の実施後調査から，楽しいと評価の高かったエクササイズは，①ジェスチャー伝言ゲーム（言語を使わず伝える難しさ），②こう見えても私はクイズ（自分の秘密を三択問題で当てる），③友達ビンゴゲーム（自分の好きなものを9マスに書いて当てる），④それがあなたのいいところ（友達の良さを発表し,それがあなたのいいところと歌う）でした。エクササイズ後の感想は,授業の集中力が高まった50％，クラスの雰囲気が変わった83％，機会があったらエクササイズをしてみたい65％という回答があり，学童保育や保健室でコミュニケーションをとる時に活用してみたい等の記入もありました。その他，みんなと触れ合い和気藹々とした雰囲気を共有することができクラスの仲も良くなる，お互いの理解も深まるので心の健康ということで意味がある，自分がエクササイズ進行することで話し方や伝え方を見直せた，人の気持ちを考えられるようになり温かい気持ちになった,友達との交流が増えた,リラックス効果があるなどと書かれていました。

※コミュニケーション力のアップ

　授業ではエクササイズで盛り上がった学生の気持ちを静めて切り替え，本来の授業内容である健康相談の理論や方法の意味づけなどを学びます。そして友達との他者理解（自己理解）ができ，言葉や存在としてつながる楽しさ，心の安定を感じられていることから，養護教諭を目指す学生のコミュニケーション基礎力の向上は徐々に自然に成功していると私は感じています。

　養護教諭は，こどもの心やからだの健康管理や指導を行う専門教員としての役割がますます期待されています。こどもに「どうしたの」「そう」「つらかったね」などの保健室での言葉掛けは，不安な心を開き，安心感を与え，信頼関係をつなぐコミュニケーションの鍵になっていくでしょう。

第7章

セイロン瓜プロジェクト活動における
鈴鹿短期大学の役割

久保さつき

　「セイロン瓜」は，「ヘビ瓜」とよばれている植物の実を，鈴鹿発信の新野菜として広めるために発足したプロジェクトチーム，「セイロン瓜プロジェクト」により考案された名称である。

　明治時代，政府の官業政策の一環として世界各地から多くの野菜が導入されたが，当時の食習慣・嗜好になじまず，大部分のものは一般に定着していない。セイロン瓜はこの時期に導入され，定着しなかった野菜の一例である。可憐な白い花からは想像もつかないヘビのように曲った奇妙な実の形から，食用としてではなく，観賞用として注目されたと考えられる。すなわち，セイロン瓜は野菜としての認識がされなかったため，沖縄・南九州のごく限られた地域での食用にとどまっている。しかし，セイロン瓜を食用としている外国において，セイロン瓜は健康食品として評価されている。その良さを認識していた鈴鹿国際大学アーナンダ・クマーラ教授が発起人となり，セイロン瓜を鈴鹿から全国に広める活動が始まった。これが，セイロン瓜プロジェクトである。

　本章では，セイロン瓜を食用としている外国におけるセイロン瓜の効用の紹介とともに，セイロン瓜プロジェクトの発足から現在までの活動について，鈴鹿短期大学関係者の動向を中心に述べ，セイロン瓜プロジェクト活動の今後の展開の可能性と鈴鹿短期大学の果たす役割について考察を行う。

1. アジアにおけるセイロン瓜とその効用

　ここでは，セイロン瓜プロジェクトの発起人，クマーラ教授との共著論文（英文）の一部を改変し記述する。なお，翻訳は鈴鹿国際大学高嶋教授によるものを参考とした。

　セイロン瓜はインド原産のウリ科カラスウリ属の一年生つる性植物である（写真1，2）。熱帯の国では，1年中生育する野菜であり，食用にしていることで有名なアジアの国は，インド・タイ・インドネシア・ベトナム・スリランカである。生育の最適気温は30〜35℃であり，最低でも20℃は必要である。また排水の良い有機物質を豊富に含む土壌を好み，pHは5.5から7.5の範囲内であることが求められる。実は植え付け後60日から75日で収穫可能となる。1〜2mの長さに成長し，直径は4〜10cmになる。ヘビに似た形状から一般にヘビ瓜と名付けられており，世界中のウリ科植物の中で最も長い瓜とされている。室温で7〜10日間はその品質を損なうことなく保持できる。南アジアや東南アジア諸国では，新芽，巻きひげ，および葉も，青野菜として食用に供されている。

　セイロン瓜は，野菜としてだけではなく，健康を維持し，多くの病気を治療するものであるといわれている。セイロン瓜のもつ医療効果について，レスリー・テイラーは以下のように述べている。

　「体から水分がなくなることを防ぐために血や尿などの体液の分泌器官を刺激し，痰を切り，膿汁を除去し，有毒物質を体外に排出させ，炎症を抑制する。また，天然

写真1　セイロン瓜の花

写真2　セイロン瓜

の抗生物質・去痰剤・下剤機能を有し，膿瘍癤（せつ）気管支炎や便秘，黄疸および痔疾に対しても用いられる。胸部および肺腫瘍を治し，乳の分泌を促進する。特に糖尿病に対しては優れた効果を発揮する。エイズ（AIDS）の治療薬である"合成物Q"は，ヘビ瓜科（＝植物学上の分類）から抽出された"trichonanthine"（幼虫撲滅の意）と呼ばれる蛋白質である。中国では，ヘビ瓜からうっ血や便秘，糖尿病の治療薬を抽出している」(Taylor 2005)。

　サンディヤらは，「ヘビ瓜には，豊富なフラボノイド・カロテノイド，そしてフェノール成分が含まれている。ヘビ瓜は，糖尿病抑制・肝臓疾患予防・細胞毒性の排除・炎症抑制・幼虫撲滅効果などにより，アーユルヴェーダ医学[1]系やシッダ医学[2]系の分野において将来を期待される位置にある」と紹介している（Sandhya et al. 2010）。

　このように，アジアの国々では，セイロン瓜の効用が認められ，一般の家庭ばかりでなく，病院食としても採用されている。

2．食品成分の比較

　日本において，セイロン瓜は食品としての認識がほとんどされていないため，食品関係の文献は数少なく，解説もごく簡単なものとなっている。もちろん，成分分析値は，日本食品標準成分表に収載されていない。セイロン瓜プロジェクト活動の一環としてセイロン瓜の成分分析を実施したがそのデータの一部は後で述べる。ここでは，外国のデータとして，フィリピンで分析されたデータを示す（表1）。

　それによると，セイロン瓜は，カリウム・マグネシウム・カルシウム・リンなど様々なミネラルを含んでおり，低カロリー（100g 当たり 20kcal 以下）であることが明らかになっている。

　日本の既存のウリ科野菜の中で，低カロリー（100g 当たり 20kcal 以下）であるものに，キュウリ・シロウリ・トウガン・ハヤトウリ・ヘチマ・ニガウリがある。これらの野菜の食品成分値も表1に示す。

　ウリ科野菜であっても，炭水化物を約10g含む日本カボチャはエネルギー

表1　食品成分の比較（可食部食品100g当たり）

栄養素	単位	セイロン瓜	キュウリ	シロウリ	トウガン	ハヤトウリ	ヘチマ	ニガウリ
エネルギー	kcal	18	14	15	16	20	16	17
水分	g	95	95.4	95.3	95.2	94.0	94.9	94.4
たんぱく質	g	0.6	1.0	0.9	0.5	0.6	0.8	1.0
脂肪	g	0	0.1	0.1	0.1	0.1	0.1	0.1
炭水化物	g	3.0	3.0	3.3	3.8	4.9	3.8	3.9
繊維/食物繊維 [1]	g	1.0	1.1	1.2	1.3	1.2	1.0	2.6
ナトリウム	mg	8	1	1	1	Tr[2]	1	1
カリウム	mg	34	200	220	200	170	150	260
カルシウム	mg	22	26	35	19	12	12	14
マグネシウム	mg	28	15	12	7	10	12	14
リン	mg	15	36	20	18	21	25	31
鉄	mg	0.3	0.3	0.2	0.2	0.3	0.3	0.4
亜鉛	mg	0.12	0.2	0.2	0.1	0.1	0.2	0.2
銅	mg	0.07	0.11	0.03	0.02	0.03	0.07	0.05
β-カロテン当量	μg	140	330	70	0	0	44	17
ビタミンB$_6$	mg	15	0.05	0.04	0.03	0.04	0.07	0.06

出典：セイロン瓜の成分値：科学技術省・食物栄養学研究所〔フィリピン・マニラ〕1997年
　　　（食物データシステム国際ネットワーク〔タイ〕より資料入手／2011年）
　　　その他の野菜の成分値：日本食品標準成分表
　注：[1]：セイロン瓜は繊維，他の野菜は食物繊維を示す
　　　[2]：Trは微量

値が約50kcalであり，炭水化物を約20g含む西洋カボチャにおいてはエネルギー値が約90kcalである。しかし，セイロン瓜とほとんど変わらないエネルギー値を示す6種類の野菜において，三大栄養素の炭水化物・脂質・たんぱく質の含量はセイロン瓜とほぼ同様の値となっている。ミネラルについては，ナトリウム・マグネシウムの値が高く，カリウム・リンの値が低い。ビタミンについては，β-カロテン当量値が比較的高く，特にビタミンB$_6$の値が高い。したがって，ここに示した値を見る限り，ビタミンB$_6$以外の成分において，セイロン瓜は日本の既存のウリ科野菜6種類と類似した成分を含んでいると考えられる。先に記述した，外国におけるセイロン瓜の効能に関

わる特殊成分の有無については，大変興味深い内容であるが，今後の研究に期待したい。

3．セイロン瓜プロジェクト発足の経緯

　新野菜セイロン瓜を全国に広める活動が2011年に始まり，2013年で3年目に入った。当初はヘビ瓜プロジェクトとして活動を開始したが，その後セイロン瓜プロジェクトと改名し，現在に至っている。このプロジェクトの活動目的は，地域活性化である。すなわち，新野菜を栽培しそれを食材として広めることにより，地域の農業・流通業・サービス業などに新たなビジネスチャンスを提供すると同時に，セイロン瓜と鈴鹿市の名前を全国に発信することである。この活動は，発起人の所属する鈴鹿国際大学と筆者の所属する鈴鹿短期大学のみの活動で実現したものではなく，鈴鹿商工会議所・JA鈴鹿・鈴鹿市教育委員会・レストラン経営者・食品加工業者・多くの市民の方々を巻き込んだ産学官民連携の活動である。

　セイロン瓜は，明治時代末期に観賞用として日本に輸入されており，今でも多くの植物園で珍しい植物として栽培されている。しかし，食品としての認識はされていない。前述のように食品成分表に成分値が掲載されておらず，食品に関する辞典にもほとんど掲載されていない。プロジェクトの発起人，クマーラ教授は，母国スリランカで病院食としてセイロン瓜が食べられていることから，自宅（名古屋市）で試験栽培を行い，その後，新野菜としての可能性の研究依頼が鈴鹿短期大学食物栄養学専攻に持ち込まれた。筆者を含む食物栄養学専攻スタッフは，短大の教職員対象にニガウリとの比較を目的として試食を実施し，同時に聞きとり調査を行った。また，鈴鹿短期大学の大学祭において，不特定多数の方を対象とした試食とアンケートを実施した（久保2011）。これらの結果からセイロン瓜が食材として良好であることが明らかとなり，セイロン瓜の食材としての可能性を確信することができた。この基礎研究結果は，鈴鹿から新野菜を発信するプロジェクト発足への大きな推進力となったと思われる。プロジェクト発足までの主な活動を表2に示す。

表2　プロジェクト発足までの経緯

2010年5月〜	クマーラ氏自宅（名古屋市）にて試験栽培 実28本を収穫
5月12日	伊勢新聞掲載
8月	<u>鈴鹿短期大学に料理開発用の実が届く</u> <u>ニガウリとの比較による試食会実施</u> 鈴鹿商工会議所との意見交換 SUZUKA産学官交流会事業としての位置づけが確立
10月	<u>鈴鹿短期大学短大祭において試食会，アンケート調査実施</u> <u>新野菜としての可能性を確信する</u>

下線箇所：鈴鹿短期大学の活動

4．プロジェクト1年目の活動：調査・研究の年

　2011年2月18日，鈴鹿国際大学において第1回打合せ会が開催され，ヘビ瓜プロジェクトが発足した。活動は，鈴鹿商工会議所が中心となって行われているSUZUKA産学官交流会活動の一環として地域活性化への取り組みと位置づけされた。プロジェクトの事務局は鈴鹿国際大学，代表は発起人であるクマーラ教授，栽培指導をJA鈴鹿にお願いした。鈴鹿商工会議所，鈴鹿ロータリークラブ，特定非営利活動法人タランガ・フレンドシップ・グループ他，地域の関心のある方々と鈴鹿国際大学，鈴鹿短期大学関係者が約20名参加し，種まき・苗の栽培にチャレンジを始めることとなった。この会合の様子は，翌日の伊勢新聞で紹介されている（タイトルは「ヘビウリ商品化へ〜鈴国大で初会合・プロジェクト発進」）。その後，4月・5月・7月に会合が開催され，栽培状況・収穫状況の情報交換およびイベントの開催の計画等がされた。その中でプロジェクトの改名が検討され，5月の会合でセイロン瓜プロジェクトと決定した。改名の理由は，ヘビ瓜という名称が本物のヘビを連想しがちであり食品の名前として不都合であることと，紡錘形の短いものはヘビのように曲がらないからである。細くて長いものをセイロン瓜長形，紡錘形の短いものをセイロン瓜短形と呼ぶこととなった。

第 7 章　セイロン瓜プロジェクト活動における鈴鹿短期大学の役割

　発足1年目であることから，この年は，栽培方法の試行・グリーンカーテンの試行・収穫した実の料理法の試行等，調査・研究の年と位置づけし，活動を開始した。セイロン瓜の栽培は，多くの協力者により，各所で行われたが，鈴鹿国際大学構内では，スクールバス乗り場近くの東屋の北側でセイロン瓜の栽培が行われた。

　情報発信は，栽培現場見学会・試食会・料理講習会等を計画し，毎回報道関係者を招待することで，広報活動を行った。ほとんどのイベントが，新聞報道されている。たとえば，7月21日に開催された栽培現場見学会を基に，伊勢新聞，中日新聞，毎日新聞，CNSケーブルテレビ，三重テレビで紹介されている。

　鈴鹿短期大学では，プロジェクト発足前から関わってきたことから，引き続きプロジェクト協力者として，特に料理のレシピ開発に携わった。8月18日に鈴鹿市ふれあい広場で開催された関係者試食会では，新メニュー2点を紹介した。また，セイロン瓜が夏限定の野菜であることから，収穫できない時期でも，どのような野菜であるか理解しやすいように，津川助手作製によるセイロン瓜長形の布製模型を提供した。

　研究・広報活動として，筆者は2月の鈴鹿短期大学教員研究発表会で「スリランカからの新野菜」という演題で発表し，また，『生活コミュニケーションとは何か』に論文を掲載しプロジェクトの発足を報告した。12月にはアスト津5階橋北公民館食工房における公開調理講習会でスープを提供した。また，ゼミ学生長岡アケミ氏の卒業研究指導（タイトル：セイロンウリ栽培について）を行った。2012年3月にはSUZUKA産学官交流会フォーラムにおいて食材としての可能性に関する講演を行った。この時より，鈴鹿短期大学がSUZUKA産学官交流会に加入することとなる。同3月鈴鹿国際大学紀要に共同研究者として論文投稿した。

　プロジェクト1年目の主な活動を表3に示す。

131

表3　プロジェクト1年目の活動

2011年	2月18日	第1回ヘビ瓜プロジェクト打合せ会・ヘビ瓜プロジェクトの発足
	3月	論文掲載（『生活コミュニケーションとは何か』久保・福永・クマーラ）
	5月	スリランカへの現地調査
		第3回会合・セイロン瓜プロジェクトと名称変更
	7月	セイロン瓜栽培現場・収穫の現状をマスコミへ紹介
	8月	セイロン瓜関係者試食会・約20種類の料理紹介
	10月	セイロン瓜長形の模型を作製
		鈴鹿国際大学大学祭で，クマーラカレー・セイロン瓜サラダ販売
	11月	「リーディング産業展みえ」でセイロン瓜プロジェクト紹介（四日市ドーム）
	12月	セイロン瓜公開講習会（アスト津）
		鈴鹿国際大学学生卒業論文提出（庵原雅之氏）
		鈴鹿短期大学学生卒業論文提出（長岡アケミ氏）
2012年	2月	スリランカへの現地調査
	3月	SUZUKA産学官交流フォーラムにて講演
		論文掲載（『鈴鹿国際大学紀要』クマーラ・久保・福永）

下線箇所：鈴鹿短期大学の活動

5．プロジェクト2年目の活動：拡大の年

　プロジェクト発足2年目は，拡大の年と位置づけて活動を行った。

　この年の特徴は，世界通信社の教材ニュースを6回発行し，全国の小学校に壁新聞として配布したことにより，全国展開を果たしたことである。

　また，2012年は鈴鹿市市制70周年，日本・スリランカ国交樹立60周年にあたるため，スリランカフェスティバル（鈴鹿市文化会館で開催）をセイロン瓜プロジェクトが他の団体と共に主催し，盛り上げることができた。この活動により，セイロン瓜プロジェクトが日本とスリランカの国際交流に貢献することができた。

　この年は，グリーンカーテンプロジェクトとして，各所で大規模なグリーンカーテンも作られた。鈴鹿国際大学構内では，1年目の東屋の北側だけ

第 7 章　セイロン瓜プロジェクト活動における鈴鹿短期大学の役割

表4　プロジェクト2年目の主な活動

2012年4月	第1回セイロン瓜プロジェクト会議
5月	スリランカへの現地調査
	世界通信教材学習ニュース発行
	セイロン瓜グリーンカーテンプロジェクト実施（近鉄 長太ノ浦駅・鈴鹿国際大学キャンパス・JA鈴鹿資材センター農場他）
	小中学校・幼稚園における試験栽培
	（鈴鹿市立長太小学校など23校、5月31日の時点）
7月	南アジア研究集会発表
	シウダック　シンポジウム講演
8月	スリランカへの現地調査
	三重TV取材「えみのみえごはん in 鈴鹿」
9月	スリランカフェスティバル開催
	鈴鹿短期大学公開講座講演
10月	秋のふれあいフェスタ出店（天栄中学校）
12月	成分分析を実施
2013年1月	栽培・観察用冊子『セイロン瓜から学ぼう』発行

下線箇所：鈴鹿短期大学の活動

ではなく、校舎の南側に大規模なアーチが設置され、鈴鹿国際大学1年生全員による、苗の植え付けが行われた。鈴鹿市内の小中学校や近隣の幼稚園でも、栽培が行われた。

　栽培・観察用冊子『セイロン瓜から学ぼう』が発行されたことも、2年目の大きな成果である。2013年3月、この冊子を鈴鹿市長に2000冊贈呈した。

　プロジェクト2年目の主な活動を表4に示す。

　この年の鈴鹿短期大学としての活動の特徴は、クッキング同好会Tomatoの学生がプロジェクト活動に参加するようになったことである。

　1年目は食物栄養学専攻の教員の活動であったが、2012年3月に庄野キャンパスから鈴鹿国際大学のある郡山キャンパスに鈴鹿短期大学が移転した2年目は、鈴鹿国際大学と鈴鹿短期大学が同一キャンパス内になり、セイロン瓜プロジェクト活動に、学生が容易に参加できるようになった。

　8月の三重テレビの「えみのみえごはん in 鈴鹿」の取材（写真3）とテ

写真3 「えみのみえごはん in 鈴鹿」

レビ放映，スリランカフェスティバルでのスタッフへの食事の提供（セイロン瓜カレー・マリネ）と試食（セイロン瓜チャンプル風・マリネ），天栄中学校「秋のふれあいフェスタ」でのスープの提供などの活動である。学生はこれらの他に，多くのセイロン瓜料理のレシピ開発にも携わった。

鈴鹿短期大学にとって，学生が活発にプロジェクト活動に関わったことが2年目の大きな特徴である。

6．プロジェクト3年目の活動：発展の年

プロジェクト発足3年目は，発展の年と位置づけ，活動を始めた。

まず，セイロン瓜プロジェクトを組織として確立させるために，会則を制定し，2013年4月17日より施行した。会則に従い，顧問・理事長・副理事長・理事・監査・幹事を選出し，事務局を鈴鹿国際大学内に定めた。

加工食品の開発とレシピ集の発行が，3年目の主な活動である。

加工食品については，東海醸造により5月にセイロン瓜の入った味噌「蔵人のごはん味噌」が作られ，販売が開始された。あられ・ふりかけの試作も行われている。

鈴鹿短期大学の関連する活動として，鈴鹿商工会議所の仲介により，株式会社トモと学生が連携し，2014年度中学校給食に提供することを目標に料理の開発を行った。事前の学生との打合せで，料理名の検討がなされ，セイロン瓜の乾燥品を用いた商品開発を行った。11月14日には，鈴鹿市産業振興課・鈴鹿市教育委員会・鈴鹿市PTA連合会の方々およびJA鈴鹿・株式会社トモ・SUZUKA産学官交流会・報道関係者を招待し，セイロン瓜入り食品の試食会を開催した。この時提供された料理は，ハンバーグ・メンチカ

ツ・ギョウザ・シュウマイなど8点である。いずれも大変好評で，その時の様子は，当日の夜に三重テレビで放映され，翌日の中日新聞・伊勢新聞に記事が掲載された。セイロン瓜の加工食品への利用が大きくステップアップする足掛かりとなるイベントであった（写真4）。

写真4　中学校給食試食会

レシピ集は，2013年8月10日に発行し，同日開催されたイベント「セイロン瓜de夕涼みin鈴国大」において披露した。このレシピ集には，カレー・サラダ・オムレツサンド・肉詰め・チャンプル・チャーハンの他，かき揚げ・すまし汁などの和食とデザートなどを合わせて23種の料理を掲載した。これらのレシピは，食物栄養学専攻教員と学生の協力により作成されたものが大半を占めており，前年度からレシピ開発活動に学生が何度も関わってきた1つの成果であったといえる（図1）。

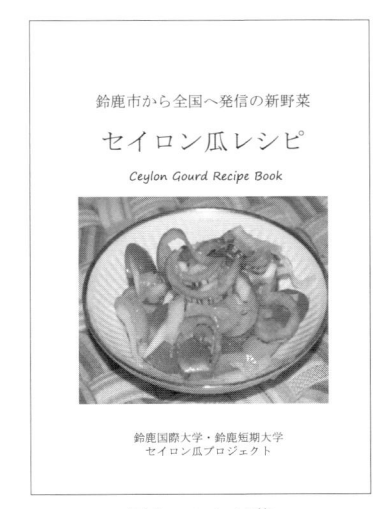

図1　レシピ集

その他，旬の時期に実の成分分析を行うことができたこと，活動の報告を複数の学会で発表することができたことも大きな成果であるといえる。今後は，4年目の活動への始動の準備を行っていくこととなる。

プロジェクト3年目の主な活動を表5に示す。

表5　プロジェクト3年目の主な活動

2013年4月	第1回セイロン瓜プロジェクト会議・組織の確立・苗のオーナー制導入
5月	「蔵人のごはん味噌」販売開始（東海醸造）加工品第1号
6月	国際交流フェスタ in 鈴国大 2013 出店
	日本食生活学会にて口頭発表
7月	日本調理科学会東海北陸支部研究集会にて口頭発表
	三重の食応援ブログにセイロン瓜レシピ4点を掲載
8月	レシピ集『セイロン瓜レシピ』発行
	成分分析
	セイロン瓜 de 夕涼み in 鈴国大　実施
	㈱トモと学生による中学校給食のレシピ開発
10月	セイロン瓜シンポジウム
11月	中学校給食試食会

下線箇所：鈴鹿短期大学の活動

7．日本におけるセイロン瓜の成分分析の実施

　3年前，食材としてのセイロン瓜の知見は，ほとんど日本には見当たらなかった。はたして，新しい野菜として広めていけるのか，暗中模索の状態であったといえる。しかし，プロジェクト活動を続けていく中で，セイロン瓜の未来が，拓けてきた。その一つが，2012年12月および2013年8月に食品成分の分析を行ったことである。日本の土壌で育った実の成分分析が行われたことは，意義深いことである。

　2012年の分析項目は，エネルギー・水分・たんぱく質・脂質・糖質・食物繊維・灰分・ナトリウム・食塩相当量・カリウム・カルシウム・マグネシウム・リン・鉄・亜鉛・銅・マンガンの17項目である。2013年は，ビタミンA（レチノール当量）・レチノール・α-カロテン・β-カロテン・クリプトキサンチン・ビタミンB_1・ビタミンB_2・ビタミンCの8項目を加えた，25項目である。

　試料は，2012年が12月収穫のもの，2013年が8月収穫のものであったため，分析値に差が生じている。主な分析値の増減を2012年のデータを基準

第7章　セイロン瓜プロジェクト活動における鈴鹿短期大学の役割

として以下に示す。いずれも可食部100gの値である。

　増加した項目は，エネルギー，たんぱく質，糖質，食物繊維，カリウム，マンガンであり，それぞれ16から26kcal，0.5から0.8g，2.9から4.4g，1.4から2.0g，153から177mg，0.04から0.06mgに増加した。それに対して減少した項目は，水分，灰分，ナトリウム，カルシウム，マグネシウム，リン，亜鉛であり，それぞれ94.7から92.3g，0.5から0.4g，4.9から1.8mg，52から23mg，17.1から14.2mg，24から20mg，0.21から0.11mgに減少した。他の項目には変化がなかった。これらの結果より，旬の8月のセイロン瓜の方が，三大栄養素が比較的多く含まれ，エネルギー値も高いことが明らかとなった。ビタミンではCが15mgであった。これはニガウリの76mgと比較するとかなり低い値である。

　外国の成分値と日本における2回の成分測定値は，エネルギーが40kcal以下であることから，セイロン瓜が低カロリー食品であり，ヘルシーであることは明らかである。また，味は苦みがなく淡白であることから，他の食材の邪魔をしない食品であるといえる。

　他の成分，特にビタミン，ミネラルは，収穫時期・水はけ・肥料・土壌の質等栽培条件が異なることで変化することが知られているので，今後は，管理された環境下において栽培された瓜を継時的に収穫し分析することが必要であると考える。

　しかし，鈴鹿産セイロン瓜の食品成分値が明らかとなったことで，今後，栄養価計算などの参考資料とすることができると考える。

　なお，ここで示したセイロン瓜の成分分析値は，食品分析開発センターSUNATECにおいて検査された数値である。

8．セイロン瓜プロジェクトと学生のコミュニケーション能力

　過去3年間のセイロン瓜プロジェクト活動の最も大きな成果は，鈴鹿短期大学の学生が産学官連携事業に深く関わることができたことである。その要因は3点あると考える。まず，セイロン瓜プロジェクトの中心母体である鈴

鹿国際大学のキャンパス内に鈴鹿短期大学が移転したことである。すなわち，距離が離れていることによる大学間のコミュニケーションの障害が，解消されたことである。学生のみならず，教員の活動参加・交流も容易にしてくれた。次にキャンパス内に調理施設ができたことである。鈴鹿国際大学内には調理を行う場所がなく，レシピ開発は調理施設のある離れた別の場所あるいは自宅で行うしかなかった。しかし，鈴鹿短期大学食物栄養学専攻には調理室があり，教員・学生共に，短大内の調理施設を利用し，授業時間の合間に調理を含め，様々な活動ができたことである。3点目は，鈴鹿商工会議所の仲介による，アプローチがあったことである。産業界からの要望が集約される団体であるため，学生の様々な知識・技術・創造力が鈴鹿の農林水産物利用に新しい道を拓いてくれることを期待しての提案であったと考える。

このようにして，学生参加によるセイロン瓜プロジェクト活動が行われてきた。当初は教員の指導の下，学内でレシピ開発を行ってきた。しかし，学外での活動が次第に増加し，それに伴い多くの方との交流も増加してきている。中学校給食のメニュー開発においては，企業の方との討論を何回も行ってきている。また，様々なイベントでは，学生へのインタビューも行われている。食物栄養学専攻の授業は実験実習が多く，コミュニケーションが円滑に行えないと，うまく進まないのが実状である。しかし，学外の方との交流の機会が増えれば増えるほど，臨機応変なコミュニケーション能力が必要となる。セイロン瓜プロジェクト活動を通して学生たちは，着実にコミュニケーション能力を身につけてきていると感じている。

9．今後の展開と課題

すでに述べたように，セイロン瓜プロジェクト活動は，SUZUKA産学官交流会活動の一環としての地域活性化への取り組みである。SUZUKA産学官交流会活動は，鈴鹿商工会議所を中心に，様々な分野の活動が活発に行われてきているが，一般市民や大学・短大の学生をも巻き込んだ活動は，ほかに例を見ないものであると感じている。

第 7 章　セイロン瓜プロジェクト活動における鈴鹿短期大学の役割

　この盛り上がりを終わらせることなく，セイロン瓜を鈴鹿の新野菜として確実に定着させるためには，栽培農家の生産意欲を高めることがもっとも重要であると考える。生産意欲を高めるためには，需要を確実なものにしていくことが必要である。現在進行中である中学校給食にセイロン瓜を取り入れる活動は，需要を確実に増やす1つの有効な手段である。消費者のニーズに合った日持ちのよい加工食品の創作，レストランや菓子製造者への食材提供も効果的である。夏野菜としてのセイロン瓜の弱点を解消し，年間を通して利用可能にするための粉末化・乾燥化もよい手段である。また，夏のグリーンカーテン作りが定着すれば，苗の需要も増加すると考えられる。

　今後の活動における鈴鹿短期大学の役割は，現在の活動の継続と，さらなる加工食品の創造とセイロン瓜の様々な利用法および販路拡大の提案である。粉末化・乾燥化されたものは1年中利用できることから，季節を問わずに楽しめるものの創造が期待される。特に食物栄養学専攻の学生は，食品の基礎知識・料理技術・食育活動経験を活かし，調理関係において，多く提案ができると考える。

　今後の課題として，郡山キャンパス内における栽培方法，害虫・病気対策，全国展開していくときの販路，規格，商標等がある。外国で論じられているセイロン瓜の効能については，有効成分の分離や，臨床検査が必要となるが，これについては，今後の研究に期待する。

まとめ

　3年間の活動を経て，セイロン瓜の知名度が，高まってきていることは確実である。プロジェクト活動は，イベント毎に報道関係者を招待し，広報活動を行ってきている。また，活動の報告や，事務局に寄せられた情報を「セイロン瓜　フェイスブック」に逐次掲載し，不特定多数の方に活動の様子を伝えている。世界通信社の小学校の壁新聞にセイロン瓜を掲載したことにより，県内外のからの情報提供や，栽培の希望が増えてきており，セイロン瓜は確実に鈴鹿から発信されていると感じている。また，多くの協力者により

日本の各地にセイロン瓜の拠点ができつつある。しかし，あくまでも，セイロン瓜は鈴鹿市発信の新野菜であることをうたって活動を続けていきたいと考えている。

　最後に，秋篠宮悠仁親王殿下が，セイロン瓜を育てておられたというニュースはセイロン瓜プロジェクトのメンバーの一人として，大変うれしいことであった。

注

1　アーユルヴェーダ医学は，インド大陸の伝統的医学で，その名は生気，生命を意味するサンスクリット語の「アーユス」と，知識，学を意味する「ヴェーダ」の複合語である。現代西洋でいう医学のみならず，生活の知恵，生命科学，哲学の概念も含んでいる。約5000年の歴史があり，チベット医学や古代ギリシア，ペルシアの医学等にも影響を与えたといわれている。現在，世界各地で西洋医学の代替手段として利用されている。
2　シッダ医学は，南インド，主にタミル地方に伝わる特有の医学である。インドには他にも伝統医学が存在するが，その中でもシッダ医学は最も古いといわれ，その起源は1万2000年前から6000年前まで遡る。

参考文献

Ananda Kumara, Kubo Satsuki, & Fukunaga Mineko, 2012,「Regional Vitalization through Global Interaction: Lessons from the Snakegourd (Ceylon Uri) Project in the Suzuka City」『鈴鹿国際大学紀要』No. 18, pp. 111–124

Taylor, L., 2005, *Wealth of the Rainforest, Pharmacy to the World*, Raintree Nurtrition, Inc. Carson City, NV

Sandhya S., Vinod K. R., J. Chandra Sekhar, R. Aradhana, & Vamshi Sarath Nath, 2010, "An Updated Review on Tricosanthes Cucumerina", *Internationl Journal of Pharmaceutical Sciences Review and Research*, 1

菅原龍幸・井上四郎編集，2008，『新訂 原色食品図鑑 第2版』建帛社

香川芳子監修，2013，『食品成分表 2013』女子栄養大学出版部

久保さつき，福永峰子，アーナンダ・クマーラ，2011，「ヘビウリ―食材としての可能性について―」，川又俊則・久保さつき編『生活コミュニケーション学とは何か』あるむ，pp. 133–142

高宮和彦編，1993，『シリーズ食品の科学　野菜の科学』朝倉書店

小原哲二郎・細谷憲政監修，1997，『簡明食事林 第2版』樹村房

荒井綜一・倉田忠男・田島眞編，2012，『新・櫻井 総合食品事典』同文書院

第 8 章

スポーツ栄養サポート研究会の取り組みと課題

梅原頼子

　スポーツ栄養サポート研究会 Grow up（以下，本サークル）は，本学のクラブ活動として2012年6月に認められ，活動を開始した。
　最近では，スポーツ栄養という言葉が一般的に使われるようになり，スポーツ栄養学や栄養サポートの定義が示されている。スポーツ栄養学は，運動やスポーツによって身体活動量が多い人に対して，必要な栄養学的理論・知識・スキルを体系化したものと定義されており，栄養サポートは，特に選手に対してスポーツ栄養マネジメントを実践することとされている。スポーツ栄養マネジメントとは，運動やスポーツによって身体活動量が多い人に対して，スポーツ栄養学を活用して，栄養補給や食生活などの食に関わる全てについてのマネジメントをすることである（鈴木2012）。
　本サークル名をこの定義に当てはめると，スポーツ選手に対して栄養学的な理論やスキルを活用して食生活をマネジメントしていく活動および研究を行うサークルということができる。
　本サークル名の Grow up とは，成長するという意味であり，サポート対象者の成長とともに学生自身も成長しようと名付けられた。従来，クラブやサークル，同好会といった学生の自主的な活動は学生の学びにおいて重要であると考えられており（大前2004），サークル活動にぴったりの名称といえる。
　大学でのサークル・部活・クラブ・同好会は，学生たちが活動目標や活動計画，活動評価などを，ある程度の自由と責任を持って自ら考え実行できる

自律的な集団であり，学生たち自らが考え話し合いながら活動できることから，サークルなどの活動は学生の成長を促進できる集団形態の一つだという指摘がある（横山2011）。他にも，大学での学び・正課外活動と「社会人基礎力」との関連性の調査から，クラブ活動は，規律性，情報把握力，主体性，柔軟性などの社会人基礎力に影響を与えるとしている（清水・三保2013）。

このように，大学におけるサークル活動は，学生の主体的な取り組みから学びが生じ，成長を促進する有効な活動といえる。

しかし，本サークルでは，これらの報告のように学生が活動のすべてを企画し，運営を行っているわけではなく，他の短期大学でも同じ状況ではないかと推察する。短期大学生のサークル活動は2年という短い期間となる。入学してからの1年間はあっという間に過ぎ，次の年にはもう最上級生として下級生をリードしながら企画，運営をする状況に置かれる。当然のことながら自分の考えを持って活動を進めていくのは難しい状況にある。

このように主体性をあまりもたない活動で得られる学びや成長は，大学生と同じであるとは考えにくいが，活動内容の相違点を埋めることで大学のサークルで得られる学びに近づけることができると考える。

そこで，本サークルの活動は，Grow upの名称通りに学びや成長が得られるのか，これまでの取り組みや，他短期大学と大学の取り組みとの比較を行うことで明らかにすることとした。

1．スポーツ栄養学研究の歴史

海外において1948年に「アスリートの栄養」という論文が発表された記録がある。その後1950年代もアスリートと栄養というテーマで論文が発表され，1960〜1970年代にはスポーツと栄養について研究がすすめられた。「スポーツ栄養」というタイトルで最初に発表された論文は1969年であり，1980年代に入ると，スポーツ栄養をタイトルにした論文や本が増え始める。

日本において「スポーツ栄養」という言葉が使われ始めたのは1990年か

らであり，歴史としては20数年の新しい用語ということになる。

　近年ではトップアスリートから健康増進を目的とした身体活動まで，競技水準や年齢層に関わらず，栄養・食事に関する自己管理能力を高めるための栄養教育や，食事環境の整備に関する専門的な視点からの支援など，栄養サポートのニーズは高まっており，栄養面からの専門的なサポートを行うことは選手にとって大きな利益を生むことが認識されつつある。

　このような状況のなか，スポーツ栄養学領域における研究の促進と情報交換を図り，スポーツ栄養学の進歩・普及およびスポーツの発展に寄与することを目的として，2004年10月に日本スポーツ栄養研究会が設立された。10年目を迎える研究会では，研究活動が盛んに行われており，エビデンスの蓄積がされている途中である。

　エビデンスの蓄積とは，スポーツ栄養マネジメントの事例からその成果を目的別や対象者別に分析し，アセスメントの方法論とその評価法，個人サポートおよびマネジメントの評価法などを確立し，基準やガイドラインなどを作成することである。今後の課題は，さらにエビデンスを蓄積していくことである。

　2007年6月21日には東京都より認定を受けて特定非営利活動法人日本スポーツ栄養研究会となっている。

　スポーツ栄養マネジメントの事例としては，2008年に北京で開催されたオリンピックのソフトボール日本代表チームがあげられ，金メダルに輝いたことからスポーツ栄養マネジメントを活用した栄養管理の効果が評価されている。

2．スポーツ栄養マネジメントの流れ

　スポーツ栄養マネジメントは，目的と期間を定め，スクリーニングにより対象者を抽出し，対象者に個人サポート（個人マネジメント）を実施し，対象者全員の個人サポートの結果をもとにマネジメントの評価とするという流れで行う。対象者に対する個人サポートは，アセスメント，個人目標の設

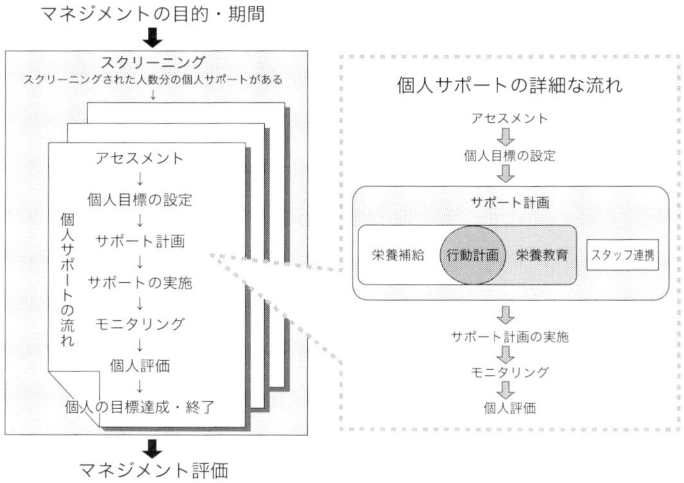

図1　スポーツ栄養マネジメントの流れ
出典：鈴木志保子，2012，「スポーツ栄養マネジメントの構築」『栄養学雑誌』第70巻第5号

定，サポート計画立案，計画の実施，モニタリング，個人評価の流れとなる。

　スポーツ栄養サポートにおけるアセスメントの特徴は，競技暦や故障暦などの調査，身体測定や身体活動量について詳細に測定・調査を実施することである。必須項目は，トレーニングや練習の目標と計画を把握することとされている。個人目標の設定では，具体的な数値目標を設定することである。マネジメントの期間が長期の場合には，短期目標，中期目標，長期目標を設けることもできる。サポートの計画は，個人目標を設定するためにいつ，どのように，どのくらい行うかという行動計画と，栄養補給計画，栄養教育計画，スタッフとの連携で構成される。

　サポート計画の実施期間中は，モニタリングを行い，現状を把握する。個人評価は，個人目標の達成状況，計画の実施状況，モニタリングの結果，トレーニング計画の実施状況，競技成績，メンタル面，スタッフの評価など総合的に評価する。また，今後のサポートに関しての問題点や課題の抽出についても行っていく。図1のようにスポーツ栄養マネジメントの流れが示されている。

3．スポーツ栄養サポート研究会 Grow up の取り組み

(1) 取り組みの概要

本サークルの活動は，社会人サッカーリーグ1部に所属する選手に対するサポート依頼を受けたことにより始まった。サポート対象者の活動時期が2月から11月頃までのため，学生が卒業，入学などで入れ替わる時期は関係なくサポート対象者に合わせて活動を行っている。これらのサポート活動の他に，スポーツ栄養関連の公開講座の運営にも携わっている。

本サークルでの活動は原則として週1回，必要なときは随時行っている。週1回の活動では，栄養教育のリハーサルを繰り返し行い，検討を重ねて改善を行っていく。栄養教育媒体の作成や調査結果の分析などは学生同士が分担をして各自が活動までに準備を行っている。実際に行ったサポート内容を表1に示した。

表1　月別サポート内容

	サッカー選手	公開講座
2012年6月	・食事調査	
7月	・調査結果の配布	
8月	・食事提供 ・集団教育	
9月		
10月		・調理補助 ・集団教育
11月	・リーフレット配布	
12月		
2013年1月		
2月	・身体測定 ・食事調査 ・補食・食事提供 ・集団教育	
3月	・調査結果の説明 ・個人教育	
4月		
5月	・リーフレット配布	
6月		・体力測定 ・食事調査 ・調査結果の説明 ・集団教育
7月	・身体測定 ・食事調査 ・捕食・食事提供 ・集団教育	
8月	・調査結果の説明 ・個人教育	

(2) サッカー選手に対する栄養サポート

2012年は、各ポジションから1名ずつの4名を対象として、サッカー選手のシーズン途中である6月からシーズン終了の11月までのサポートを行った。6月にはアセスメントとして食物摂取状況を把握するための食物摂取頻度調査を実施し、調査結果およびアドバイスについての資料を冊子にして配布を行った。サポート対象者の食事結果から、エネルギーおよび栄養素で不足が認められたため、1日に必要とする食事量や栄養バランスのとり方についての情報提供が必要であると考えられた。

まず、実際に目で見て1食の量を知ってもらうための方法として食事提供を行った。1食1100kcalの献立（写真1）を作成し、試作・検討を重ねて実施に至った。また、食事提供の際には、栄養バランスのとり方について栄養教育を行った。11月にはサプリメントの取り方についてのリーフレットの配布を行い、シーズン終了となった。2012年の活動では、対象者のアセスメント、集団教育1回、情報提供1回、食事提供1回を実施した。

写真1　選手に提供した1100kcalの献立

2013年のサポートは、対象者を全員に広げ、シーズン初めの2月、シーズン途中の8月、シーズン終了時の11月に各種調査および栄養教育を実施することとした。

2月には、競技歴、故障歴、1日の生活時間などについての問診を行った。また、身体状況の把握を行うために、身長や体重、体脂肪率、胸囲、腹囲、大腿部周囲径の計測を行った。食物摂取状況の把握は、食物摂取頻度調査および24時間思い出し法により行った。同時に、スポーツ選手にとっての捕食の重要性について栄養教育を行い、捕食提供と食事提供を行った。

身体状況および食事状況については、担当を分担して分析を行い、評価結果やアドバイスできることを考えた。調査結果は、個別に栄養教育（写

第8章　スポーツ栄養サポート研究会の取り組みと課題

真2）を含めて行い，対象者には，アドバイスを踏まえてシーズン終了までの個人目標を設定した。次回7月までの中間目標についても設定を行った。その際には，適切な水分摂取の方法について栄養教育を行った。

写真2　選手個別の栄養教育

　7月の身体測定と食事調査は，2月と同様に行い，その際には，捕食提供および食事提供を行った。選手にはすでに5月に配布済みであるコンビニやスーパーでの中食の選び方や簡単料理レシピ，自炊するために必要な道具などを掲載したリーフレット（写真3）を使用して栄養教育を実施した。

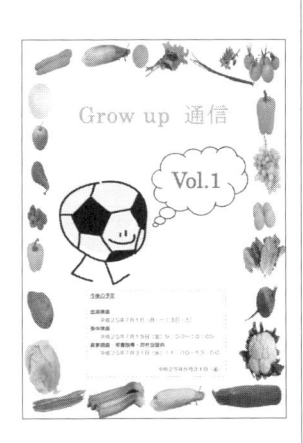

写真3　選手に配布したリーフレット（表紙・スーパーの惣菜例）

身体測定と食事調査の結果については，担当者を分担して分析を行い，分析結果やアドバイスは全体で見直して調整を行った。
　8月には個別に調査結果を伝え，アドバイスを行った。対象者には，7月までの中間目標やシーズン終了時までの最終目標について達成状況を確認した。さらに，シーズン終了時までの最終目標について再度見直しを行った。シーズン終了時には，最終目標が達成できているか評価を行う予定である。2013年8月までの活動は，アセスメント，集団教育3回，個人教育2回，捕食提供2回，食事提供2回，個人目標の設定を行っている。

(3) 公開講座の運営補助

　2012年10月に，小学生，保護者，指導者を対象とした「ジュニアスポーツ選手に対する講習会」を開催し，こどもと一緒にスポーツドリンク作りをしながら水分補給の大切さについて栄養教育（写真4）を行い，保護者に対して行ったスポーツ選手のための簡単料理教室では調理補助および食事のバランスのとりかたについて栄養教育を行った。事前の準備としては，小学生高学年を対象とした栄養目標量を算出して献立作成（写真5）を行い，試作・検討を重ねて改善し，栄養教育内容についても検討を重ね，配布資料の作成を行った。
　2013年6月は，本学の公開講座としてスポーツ愛好家に対して「身近な

写真4　スポーツドリンクづくりを通した栄養教育

写真5　小学生高学年を対象とした献立

スポーツ栄養学」を実施したなかで，体力測定，食事調査，調査結果の説明，個人教育，集団教育などを担当した。事前の準備では，体力測定項目の検討，食事調査入力作業の練習，栄養教育内容の検討，配布資料の作成などを行った。

4．調　査

(1) 調査の目的

大学および大学と短期大学のサークル活動は，学生の学びがあり，成長を促進させるといわれている。短期大学と大学のスポーツ栄養関連サークル活動について，活動内容の相違点を明らかにすることを目的として調査を行い，大学の学びに近づけるための課題を見出すこととした。

(2) 調査方法

全国栄養士養成協会の発行する月報より，平成24年に募集を行っている全国栄養士養成施設短期大学・大学129校，全国管理栄養士養成施設大学127校のHPから，スポーツ栄養に関連する名称をもったサークルについて検索を行い，発足年度，活動回数，部員数，活動概要などから歴史や活動規模について調査を行った。調理関連の名称をもったサークルについても調査を行ったが，活動内容からスポーツ栄養との関連は認められなかった。

(3) 結果
①スポーツ栄養関連のサークル数

スポーツ栄養関連のサークルをもつ栄養士養成課程の短期大学・大学，管理栄養士養成課程の大学数を表2に示した。栄養士養成課程でスポーツ栄養

表2　スポーツ栄養関連のサークル数

課程	栄養士養成		管理栄養士養成
	短期大学	大学	大学
宮城県		1	
埼玉県	1		
東京都	1	1	1
長野県	1		
静岡県			1
愛知県			3
三重県	1		
奈良県			1
兵庫県		1	1
合計	4	3	7

関連のサークルをもつ短期大学数は4校，栄養士養成課程大学3校，管理栄養士養成課程大学7校であり，全国に14校であった。このなかには，管理栄養士養成課程の大学が栄養士養成課程の短期大学や大学を併設している大学があり，同じサークル活動の掲載であったため，活動内容としては11校の内容を参考にすることとした。

② HP情報からのサークル活動概要

すでに述べたように，スポーツ栄養関連のサークルをもつ大学は11校であり，それらのHPから発足年度，活動回数，部員数，活動の概要についてまとめた。分類はA～Nの順に，栄養士養成課程短期大学の4校，短Aを本学とし，短B～短D，栄養士養成課程3校を大E～大G，管理栄養士課程大学の7校を管H～Nとした。

短A（本学サークル）のHPには，発足年度は2012年，活動回数は週1回，部員数10名である。活動概要として，ミーティング，レシピ検討，試作，リーフレット考案，食事調査，身体測定，栄養指導，食事提供などとしている。

短Bでは，発足年度，活動回数，部員数とも不明。活動概要として，スポーツ選手の身体・栄養状態を評価し，食事指導を行っている。女子バレーボール部に対しての食事づくりやヘモグロビン値を測定するなど健康管理のサポートをしている。また，各自がテーマを決め研究発表をしており，2010年より活動が動画で紹介されている。

短Cでは，サークル名のみ掲載。

短Dでは，発足年度は2008年，活動回数は週1回程度，部員数は不明。活動概要として，スポーツ栄養の勉強会を実施し，国内のスポーツ栄養学会への参加，トップスポーツ選手への栄養サポート，高校運動部へのスポーツ栄養講座や調理実習，D短期大学の運動部へのスポーツ栄養講座や調理実習などを行っている。

大Eでは，発足年度，活動回数，部員数は不明。活動概要として，E大学の体育系各サークルに対して，栄養学的側面からサポートを行っている。体重・体脂肪率の測定，食生活や食品の摂取状況，睡眠についての調査を行っ

第8章　スポーツ栄養サポート研究会の取り組みと課題

ている。それらの結果を選手にフィードバックしてサポートに役立てている。サポートサークルごとに，競技特性を考慮してテーマを決め，食事指導の一環として年に数回，選手への食事提供を行っている。他にも，教員の指導のもと，学生が主体的に調査・研究を行っている。

　大Fでは，短Cと同じサークル。サークル名のみ掲載。

　大Gでは，サークル名のみ掲載。

　管Hでは，短Cと同じサークル。サークル名のみ掲載。

　管Ｉでは，発足年度は不明，活動回数は授業時間外，土曜日と不明，部員数不明。活動概要として，運動部からの依頼に合わせて，献立作成・食事提供や食に関するアドバイスを行っている。

　管Ｊでは，発足年度は不明，活動回数は毎日，部員数は62名。活動概要として，学内外，さまざまなチーム，選手の栄養サポートを行っている。スポーツ選手に対する栄養マネジメントである栄養セミナー，食事調査，身体組成測定，個別カウンセリング，試合帯同，試合時のメニューチェック，食事提供，メニュー開発，講演会などを行っている。また，外部健康増進施設での栄養セミナーの補助，外部スポーツチームでの調理スタッフの補助を行っている。4月から次年度3月までの平日は，食事提供，栄養サポートを常時実施しており，8月，2月には合宿がある。

　管Ｋでは，発足年度は不明，活動回数は毎日，部員数は不明。活動概要として，他大学ラグビー部に，毎日朝と夜の2回，食事を提供している。献立作成から栄養計算・食材の発注・納品・調理までを行っている。

　管Ｌでは，発足年度は不明，活動回数は週1回程度，部員数は11名。活動概要としては，スポーツ栄養についての研究をしている。ランニングマシンを使い，エネルギー消費量や脈拍測定，エネルギー代謝測定，血流測定などを各自で企画し行っている。

　管Ｍでは，発足年度は不明，活動回数は週1回，部員数は15名（男子5名，女子10名）。活動概要としては，某高校のラグビー部の栄養に関するアドバイスをしている。

　管Ｎでは，短⑦と同じサークル。サークル名のみ記載。

③サークル活動内容の比較

　スポーツ栄養関連のサークルをもつ11校のHP情報から，さらに活動内容の情報が得られた9校（栄養士養成課程4校，管理栄養士養成課程5校）について表3に示し，比較を行った。HP上に記載できる情報は少ないため，実際には活動内容と異なる場合もあると考えられるが，HPに記載されている内容のみについて取り上げた。比較を行う際には，栄養士養成課程大学は大学生の活動とし，短期大学3校，大学6校として考えた。

　発足年度はほとんどが不明であるが，大学で2003年よりHP掲載がされている歴史のあるサークルや，短期大学で2008年に発足したサークルがあっ

表3　活動内容の比較

	栄養士養成課程				管理栄養士課程				
	短A	短B	短D	大E	管I	管J	管K	管L	管M
発足年度	2012		2008	2003					
活動回数	週1		週1			毎日	毎日	週1	週1
部員数	10					64		11	15
身体計測	●	●	●	●		●		●	
体脂肪測定	○			●					
代謝測定								●	
ヘモグロビン測定		●							
食事調査	●	●	●	●		●			
アドバイス・教育	●	●	●	●	●	●			●
カウンセリング						●			
食事提供	●	●	●	●		●			
調理実習	○		●	●					
試合帯同				●		●			
メニュー開発						●			
栄養セミナー補助	○					●			
勉強会	○		●	●				●	
発表会		●	●	●					
学会参加				●					
学会発表				●					

●HPへの記載あり　○HPへの記載なし

第 8 章　スポーツ栄養サポート研究会の取り組みと課題

た。活動回数では，短期大学 2 校，大学 2 校が週 1 回であった。大学のなかには，食事提供を毎日行っているサークルが 2 校認められた。部員数では，短期大学 1 校，大学 2 校で 10〜15 名，大学 1 校で 62 名であった。

　サークル活動内容のなかで，最も多かったのが食事提供と食事に対するアドバイスであり，短期大学 3 校，大学 4 校が実施していた。次いで身体計測，食事調査であった。身体計測については，短期大学 3 校，大学 3 校であり，食事調査については，短期大学 3 校，大学 2 校であった。また，勉強会は，短期大学，大学とも 2 校，発表会は，短期大学 2 校，大学 1 校であった。

　大学の特徴として挙げられるのは，毎日の食事提供を実施しているのが 2 校，試合帯同しているのが 2 校，メニュー開発をしているのが 1 校であった。短期大学では，学会参加や学会発表をしているのが 1 校あった。

　本学の活動内容は HP への掲載がないものも活動内容としたが，HP 上のみでは 4 項目の該当であった。

（4）考察

　スポーツ栄養サポート研究会 Grow up の取り組みについて振り返りを行ったところ，2012 年には食事提供，集団教育，情報提供に留まっていた活動が，2013 年には，アセスメントにおいては身体測定を追加し，教育回数も増加している。また，集団教育だけでなく個人教育へと活動の幅を広げ，内容が充実していることがわかった。スポーツ栄養マネジメントでは，個人サポートを実施することとされており，ガイドラインに近づいた活動となってきている反面，最初に行うとされている目的と期間を決めるという点が抜け落ちており見直すべき課題といえる。

　また，短期大学と大学のサークル活動内容の比較を行ったところ，活動内容においては身体計測，食事調査，アドバイスや教育については同じ活動ができていることがわかった。対象者のアセスメント，栄養教育については大学と同等の学びを得ることができる。

　相違点としては，大学の活動では，毎日の食事提供と試合帯同ができている点であった。対象者を毎日の生活を通してモニタリングできるので，食生

活をマネジメントする上でこの活動は重要といえる。短期大学生は忙しく時間に余裕がないため，この「毎日」の活動を埋めることはできない。この違いを埋めるためには，サポート対象者とのコミュニケーションを密にする方法を検討していくことが必要である。

　特記すべきことは，短期大学で学会参加・発表をしているサークルがあったことである。立ち上がって2年目を迎える本サークルでは実践段階に止まり，研究報告等は次の段階になるだろうが，サークル内でのデータを蓄積していくことで，今後の可能性を検討していきたい。

　以上のことから，本サークルの活動は，スポーツ栄養マネジメントの実践として，一部の不足は認められたものの，個人サポートを学ぶことができる内容であった。また，短期大学と大学のサークルでの活動内容の違いはほとんど認められず，大学と同等の学びが得られる活動といえる。ただ，短期大学では毎日の活動を行うのは不可能であるため，別の方法で補う工夫が必要である。

　この調査は，あくまでHP上の記載による情報であり，各大学ではこれ以上の実践があると考えられ，正確な活動の内容を示したものではないが，短期大学のサークル活動でも「毎日」の活動を補う工夫を取り入れることで，さらに深い学びが得られる可能性が認められた。

おわりに

　今回の調査から，本サークルは全国でも数少ないサークルの一つであることがわかった。本サークルの活動で，学びや成長が得られるかどうか調査を行った結果，スポーツ栄養マネジメントの個人サポートにおいての学びがあることがわかった。また，短期大学のサークルでの学びや成長は大学に近いものであることがわかった。今後，サポート対象者とのコミュニケーションを緊密に取る方法を見出すことで，学生の学びは深くなると考えられる。

参考文献

大前敦巳，2004，「キャンパスの人間形成機能からみた現代の学生生活―上越教育大学と関西私立大学・短大の調査結果から―」『上越教育大学研究紀要』No. 24, pp. 45-59
清水和秋・三保紀裕，2013，「大学での学び・正課外活動と「社会人基礎力」との関連性」関西大学『社会学部紀要』44巻2号，pp. 53-73
社団法人全国栄養士養成施設協会，2012，「全栄施協月報」627号
鈴木志保子，2012，「スポーツ栄養マネジメントの構築」『栄養学雑誌』70巻5号，pp. 1-8
JSNA―NPO法人日本スポーツ栄養研究会，特定非営利活動法人日本スポーツ栄養研究会の設立趣旨　http://www.jsna.org/（2012年8月10日）
横山孝行，2011，「大学のサークル支援に関する一考察」『東京工芸大学工学部紀要』Vol. 34, No. 2
「スポーツ栄養マネジメント」http://kwww3.koshigaya.bunkyo.ac.jp/wiki/index.php/（2012年8月10日）

学びとコミュニケーション

長澤　貴

　一人で個室にこもり，教科書やノート，そして時にはパソコンに向かっているイメージが，勉強または学びのイメージの大半なのではないでしょうか。しかし，学びは本当に個人の内に生じるのでしょうか？　学びは個人の内に生じるという考え方を作ったのは，ピアジェの発達観です。一方，そのピアジェの発達観に対して異を唱えたのが，同時代の心理学者ヴィゴツキーです。ところで，発達と学びとは切り離せない関係にあり，発達を生じさせる行為こそが学びです。ここでは，ヴィゴツキーの発達観に学びながら，学びはどこに生じるのかということについて考えていきましょう。

　ピアジェ（J. Piaget 1896-1980）の発達観の特徴は，「自己中心性」（ピアジェ1972）や保存概念など「領域を越えて適用される一般的な心的構造の差異によって子どもから大人への変化が特徴付けられ」（稲垣2005: 46）ていることにあります。さらに，この変化は，環境への同化と調節というプロセスは考慮されているものの，基本的には年齢の変化によってもたらされると考えられていることも特徴です。

　すなわち，ピアジェにおいて発達とは，年齢に伴う内的な変化という個人的な現象であり，この発達観からは，発達を促す学びも個人的な現象と捉えられるのです。

　ピアジェの発達観に対して真っ向から批判したのがヴィゴツキー（L. S., Vygotsky 1986-1934）です。年齢に伴う変化として発達を捉えたピアジェと異なり，ヴィゴツキーは，ルリアとの中央アジア調査（ルリア1976）等で明らかにしたように，発達の文化・歴史的要因の重要さを明らかにしました。さらにヴィゴツキーは，社会的発達観の立場に立ち，ピアジェの個人主義的な発達観を批判します。個人主義的発達観に向けられた批判は，「文化的発達の一般的発生法則」という考え方，及び「最近接発達領域」という概念です。

　ヴィゴツキーによれば，数学的思考や言語活動など「高次心理機能」は，「文化的発達の一般的発生法則」に則って発達します。「文化的発達の一般的発生法則」とは，「子どもの文化的発達におけるすべての機能は，二度，二つの局面に

現れます。最初は，社会的局面で，後に心理学的局面に，すなわち，最初は，精神的カテゴリーとして人々のあいだに，後に精神内的カテゴリーとして子どもの内部に，登場する」（ヴィゴツキー1970: 212）と説明されます。つまり，「高次心理機能」は，発達上まず心理間機能という人と人との間，コミュニケーションにおいて生じるというのです。この点についてのピアジェとの違いは，言葉の発達の捉え方の違いにおいて顕著となります。ピアジェは，「内言」という思考のための言語が「外言」というコミュニケーションのための言語に発達上先んじて生じると考えたのに対し，ヴィゴツキーは「外言」が「内言」に発達上先に生じることを明らかにしたのです。

　ヴィゴツキーの社会的発達観は，「最近切発達領域」という概念においても見て取られます。「最近切発達領域」とは，こどもが「自主的に解答する問題によって決定される現下の発達水準」と「非自主的に共同の中で問題を解くばあいに到達する水準との相違」（ヴィゴツキー1963: 89）と一般的には定義される領域で，この領域において発達は生じるとされています。すなわち，こどもが独力で問題解決にあたれる領域においては発達は生じず，共同の中においてのみ発達が生じることをこの概念は言い表しているのです。

　ヴィゴツキーの社会的発達観に従って学びはどこに生じるのかという問いを考えたとき，答えは自ずと，人と人との間，共同の中に，すなわちコミュニケーションの上にこそ生じるのだということができるでしょう。

参考文献
稲垣佳代子，2005,「概念発達と変化」，波多野・稲垣編『発達と教育の心理学的基盤』財団法人
　　放送大学教育振興会，pp. 45-57
ルリア, A. R., 1976,『認識の史的発達』，天野清訳，金子書房
ピアジェ, J., 1972,『発生的認識論―科学的知識の発達心理学―』，芳賀純訳，評論社
ヴィゴツキー, L. S., 1963,『思考と言語』，柴田義松訳，明治図書
ヴィゴツキー, L. S., 1970,『精神発達の理論』，柴田義松訳，明治図書

第 9 章

食物栄養学専攻における
コミュニケーション能力育成と実践
―― 食育活動への展開 ――

福永峰子

　「国民が生涯にわたって健全な心身を培い，豊かな人間性をはぐくむ」（食育基本法第 1 条）ことを目的に，2005年に食育基本法が制定された。続いて，2006年には食育基本法に基づき「食育推進基本計画」が策定され，2006年～2010年までの 5 年間を対象に，基本的な方針や具体的な目標値，取り組むべき施策などが内閣府より示された[1]。

　これにより，食育の重要性が明らかとなり，都道府県および市町村においても健康増進計画等との整合性を図り，食育推進計画を作成するよう努めなければならないとされ，地域の実情に応じて食育推進のためのネットワーク作りが進められ，関係機関などにおいて食育活動が盛んに行われるようになった[2,3]。

　本学の食物栄養学専攻においては，2005年に教職課程が設置され，栄養教諭 2 種免許状が取得できるようになった。栄養教諭を目指す学生は，基礎となる栄養士免許証取得に必要な専門教育科目と，さらに教職に関する科目の単位習得を要する。栄養教諭は，栄養に関する専門性に加え教育に関する資質を要し，主な業務は児童・生徒の望ましい食習慣の形成のための食育である。

　そこで，専門性と資質向上のため栄養教諭を目指す学生が2007年に「鈴短クッキング同好会 Tomato（To とことん，ma まごころ，to 届けます）」を

発足し，地域の児童や高齢者を対象に食育活動を開始した。そして，2012年には「スポーツ栄養サポート研究会 Grow up」が発足され，地元スポーツ選手の栄養サポートやスポーツチームに所属する児童や保護者を対象に積極的な食育活動をスタートさせた。ますます食物栄養学専攻の学生の食育活動の機会が多くなり，専門知識とさらなるコミュニケーション能力，調理技術，栄養指導力が要求される。

そこで，本章では，食物栄養学専攻の学生が学内外で実施される食育活動で必要とされるこれらの力や技術をどのように習得し，またより理解を深めるために必要な指導媒体はどのように作成され，食育活動に展開されているのかを述べる。

1．授業で習得するコミュニケーション能力と栄養指導力

食育活動を実施していくにあたっては，コミュニケーション能力や専門知識の習得，調理技術の向上・栄養指導力は必須である。専門知識については，栄養士免許必修科目として開設されている授業の受講とともに課題や予習・復習など自己研鑽を要する。学生はそれぞれの授業で実施される確認テストの勉強と実験・実習のレポートや献立作成，生活活動調査，食物摂取状況調査などの課題を期限内に提出できるよう努力している。

調理技術については，「調理学実習Ⅰ，Ⅱ，Ⅲ」・「給食管理実習Ⅰ」で，主食，主菜，副菜，汁物，デザートから必ず1品担当，毎回同じ料理を担当しないことなど条件を付けていることで，回を重ねるにつれ上達が見られる。

そして，食育活動で最も必要と思われる栄養指導力については，栄養指導の一般的法則や技術などの基礎は「栄養指導論」・「栄養指導論実習Ⅰ」で学び，スピーチの方法は「栄養指導論実習Ⅱ」で習得する。また，「栄養指導論実習Ⅱ」では，対象者の理解を深めるために必要な媒体を学生が考え作成している。どの媒体も趣向を凝らした内容となっており，作成された媒体は大学祭の企画展である「栄養士のたまごっち ROOM」や学内外での食育活動で活用される。食育活動は，このように授業で習得した専門知識や調理技

術，栄養指導力をもとに展開される。さらに，直接対象者とかかわる食育活動ではコミュニケーション能力を要する。そこで，実習科目では班を前期・後期ともに2回変更し，誰とでもコミュニケーションをはかることができ，実習を通して協調性が身につくよう配慮している。

また，1年次に開講している総合演習は，基礎学力（漢字・計算），お茶の作法，フラワーアレンジメント，運動などゼミ対抗で実施しており，10人前後のゼミ生がコミュニケーションをはかるきっかけになっている授業である。

さらに，専攻教員は日常生活においても学生とのコミュニケーションを大切にしている。コミュニケーションのはかり方は学生一人ひとり異なる。日ごろから学生の状況を把握すること，学生への声かけ，学生の話に耳を傾けてよく聴くことなどでさらにコミュニケーションが深められる。それにより，その中で学生一人ひとりに強化が必要なところを指導していくことができる。イベント時には2年生が1年生を指導できるようグループ分けすることで，1年生は2年生の活動を見ながら学び，2年生は1年生に指導することで，さらに力をつけていく。

2．学内外における食育活動の実践

（1）学内活動

①栄養士のたまごっちROOM

学内で実施される活動の中で，代表的な活動は大学祭企画「栄養士のたまごっちROOM」である。1998年より毎年大学祭において，地域の市民を対象に食事診断を実施してきている。先に紹介した「栄養指導論実習Ⅱ」の授業で作成した媒体である，パネルの展示，リーフレットの

写真1　栄養士のたまごっちROOM

配布などで，規則正しい生活リズムや栄養バランスのとれた食生活の重要性などを来場者に伝え，こどもたちには，紙芝居やゲームを使用し，楽しみながら食事の大切さや食事マナーなどを指導している。

②公開講座

本学主催の公開講座においても，いくつかの講座を食物栄養学専攻が企画している。学生はこれらの講座に受講生のアシスタントとしてかかわることで，さらにコミュニケーション能力の向上が期待できる。また，一般受講生と交流することで，知識や技術の向上だけでなく，礼儀作法や言葉使いなどを学ぶ。その成果は，挨拶ができる，敬語が使える，期限が守れる，積極的に色々な活動に協力できるなど，授業や日常生活の中でうかがうことができる。

次に学生がアシスタントとし活躍している公開講座の一部を紹介する。

○夏休み！楽しいおやこクッキング教室

夏休み！楽しいおやこクッキング教室は，2011年から開講している公開講座である。人気の講座で，申し込み多数のため開催日を増やして実施している。昼食時は，アシスタントの学生も交えてそれぞれの班で会話がはずみ，楽しいひとときを過ごしている。午後からは，学生たちが考えた媒体を使用して，教員指導のもと栄養教育を実施している。

2013年度の講座は，東海地方は大地震が予想されることもあり，ガス，水道，電気などライフラインが止まったときに，火や電気を使わず供給された水だけを使った料理方法，新聞紙の活用方法，備蓄食を利用した栄養バランスのとれた料理方法を考える内容とした（表1）。2週間にわたっての企画であったた

写真2　学生の進行による食育クイズ

第 9 章　食物栄養学専攻におけるコミュニケーション能力育成と実践

表1　夏休み！楽しいおやこクッキング教室
（2013年）企画内容

開催日	内　容
8月20日	省エネクッキング 火や電気を使わない料理を作ろう！
8月27日	備蓄品でクッキング 家の備蓄品で1日の料理を考えよう！

表2　備蓄品（非常食）クイズ

1．災害がおこった後，復旧が一番おそいといわれているのはどれでしょうか？
　　①電気　　　②水道　　　③ガス
2．家庭用の備蓄品（非常食）は，何日分必要でしょうか？
　　①1日分　　②3日分　　③1週間分　　④2週間分以上
3．電気，水道，ガスが使えない場合，1日にどれだけの飲料水が必要でしょうか？
　　①1L　　　②2〜3L　　③4〜5L　　④6L以上
4．備蓄品や非常食を3日分準備している家庭（三重県の家庭）は何％でしょうか？
　　①10％　　②25％　　　③50％　　　④70％
5．乾パンの保存期間はおおよそ何年でしょうか？
　　①1年　　　②3年　　　③5年　　　④10年

め，大学での講座の他に，家庭に備えてある備蓄品調べの課題を出した。

そして，講座に参加し，防災に関して意識が高まったかどうかを確認するため，受講前後に「備蓄品（非常食）クイズ」（5問，表2）と「クイズで防災」（10問，図1）を実施した。その正解率から意識を高め，理解できたかどうかを確認した。

備蓄品（非常食）クイズの問題別正解率は表3，クイズ正解率は図2のとおりである。受講後に実施した「クイズで防災」は全員が満点であり，2日間の受講で意識が高まり，おおむね理解できていることが確認できた。

また，受講後には今回の企画・内容についての評価を得るため，参加理由や次回に向けての要望，参加しての感想等のアンケートを実施した。結果は下記のとおりである。

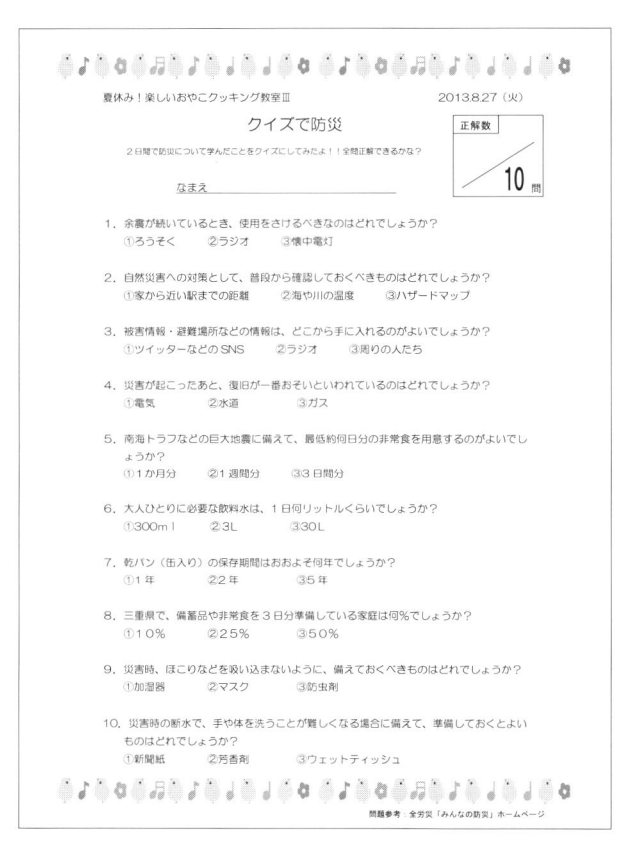

図1　クイズで防災

表3　備蓄品（非常食）クイズ問題別正解率（受講生10人）

クイズ問題番号	正解率
1	30%
2	30%
3	40%
4	50%
5	40%

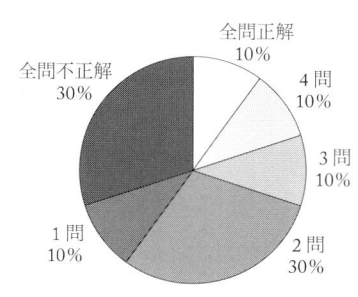

図2　備蓄品（非常食）クイズ正解率

全問正解 10%
4問 10%
3問 10%
2問 30%
1問 10%
全問不正解 30%

〈アンケートの結果および考察〉

　受講後に参加していただいた10組の親子を対象にアンケートを実施した。受講理由や感想のほか，講座を終えて，防災への意識変化，今後の講座内容の要望などを記述してもらった。はじめに，今回の講座に参加した理由については，「思い出づくり」，「興味があった」，「楽しそう」，「親子でクッキングがしたかった」の他に「他のクッキング教室ではなさそうな内容であった」が2組あった。

　先にも述べたが，食物栄養学専攻が実施する公開講座であるため，ただ親子で楽しく調理だけするのではなく，講座の中に必ず食育を取り入れている。今回のアンケートから，講座内容が選択肢として考えられていることが改めてわかり，参加を希望される親子のニーズにあった内容を企画し，地域貢献できる短期大学であるよう努力していきたいと感じた。

　受講を希望したのは誰かでは，「二人で」が4組，「母親が声をかけたがこどもたちが参加したいと言った」が3組，「こども」は1人であった。こどもたちは全員自ら参加を希望していたことがわかった。そのため，調理やクイズ，宿題にも積極的に関わることができたと思われる。

　感想を表4に示す。

表4　感想

保護者	こども
新聞紙での皿やスリッパづくりが参考になった	お菓子でサラダができたのがよかった
防災意識が高まった・勉強になった	楽しかった
楽しかった・家でも実行したい	勉強になった
家で作ることがないものが体験できてよかった	面白かった

○簡単！おとこの料理教室

　「簡単！おとこの料理」は，料理経験の少ない男性を対象にした講座で2011年から開講している。初回から毎年参加されている方，地域の公民館から団体で申し込まれるグループ，男児を伴い参加される若いお父さんなど年齢を問わず，様々な受講生で楽しい1日を過ごしている。学生は各班に一人ずつアシスタントとして配置，調理補助をしながら受講生と会話し，コ

ミュニケーションをはかる。受講生からは，とても楽しかった，講座に参加してよかった，と嬉しい言葉をいただき，地域の公民館から団体で参加していただいているグループの受講生からは，公民館での指導も依頼され，さらに交流を深めることができた。受講生から直接いただく声に学生も自信がつき次回も参加したいと意欲につながっているようである。

(2) 学外活動
○子育て応援！わくわくフェスタ

「子育て応援！わくわくフェスタ」では，来場者の親子を対象に「親子で楽しめる食育」をテーマに指導を行ってきている（表6）。「あずき運びゲーム」では，正しい箸の持ち方の指導，「親子でぬりえ」では，様々な食品を知ること，「パズルでバランスガイドを学ぼう」では食事

写真3　はたあげゲーム

表5　子育て応援！わくわくフェスタ食育内容　テーマ：親子で楽しめる食育

年度	内容	年度	内容
2007	①はしの正しい持ち方・使い方 〜あずき運びゲーム〜 ②手作り健康カルタ ③食育に関するパネル展示	2011	①オリジナルランチョンマットを作ろう ②朝ごはんの大切さを学ぼう ③食育に関するパネル展示
2008	①親子でぬりえ ②はたあげゲーム ③食育に関するパネル展示	2012	①オリジナルランチョンマットを作ろう ②ワクワク3色食品群パズルゲーム ③食育に関するパネル展示
2009	①親子でクイズ ②親子で一緒☆パズルで遊ぼう ③食育に関するパネル展示	2013	①一緒に作ろう！ランチョンマット ②食育ゲーム ③食育に関するパネル展示
2010	①パズルでバランスガイドを学ぼう ②フェルトのストラップ作り ③食育に関するパネル展示		

バランスガイドから，主食，主菜，副菜などの組み合わせにより食事の大切さや一日に必要な食事量など，「オリジナルランチョンマットを作ろう」では，食事の基本的な配膳を学び，食事のマナー向上をめざす。「朝ごはんの大切さを学ぼう」では，朝ごはんの役割，「3色食品群パズルゲーム」では，食品に含まれる栄養と働きなど，いずれも幼少期に必要と考えられる，食に関する基本的知識の指導を行ってきている。先に述べた「栄養指導論実習Ⅱ」の授業で作成された媒体が最もよく活用されるイベントである。2日間にわたり催される「子育て応援！わくわくフェスタ」には，食物栄養学専攻1年生全員と2年生が数名1年生の補助として参加している。4つのゼミで担当時間を決め，それぞれのゼミの中で指導内容を分担し，全員が食育にかかわれるように計画している。

○ JA三重中央会主催による「おやこで食育クッキング」

　津市芸濃保健センターにて30組の親子を対象に，2日間にわたり料理指導を行った。食後は，保護者を対象に教員が食育講演を行い，こどもたちには教員指導のもとに学生たちが食育ゲームを通して栄養教育を行った。

　クッキングでは，親子で協力しながら楽しく調理に取り組んでいる様

写真4　おやこで食育クッキング

子，こどもたち対象のゲームでは，目的のカルタに向かって元気に走り回るこどもたちの様子がうかがえた。また，保護者を対象にした食育講演では教員の話に真剣に耳を傾け，積極的に質問するなど，1日をかけて親子で「食育」を楽しめる盛りだくさんな日程であった（表6）。

　学外からの依頼により参加した食育活動であり，当日までにアシスタントの学生を交えて納得のいくまで何度もメニューの試作調理や食育ゲームの練習を重ねて臨んでいる。親子が楽しく調理をする様子やゲームを楽しむこどもたちに，練習の成果が発揮できる機会である。学生は企画・準備・活動に

表6　「おやこで食育クッキング」企画内容

年度	内　容
2010	午前：ごはんを中心とした県内の農畜産物を使ったクッキング 献立：炊き込みチキンライス，ミモザサラダ，じゃがいものポタージュ，季節のフルーツヨーグルト 午後：食育カルタ・食育セミナー・食育劇・食育クイズ
2011	午前：米粉を使った料理 献立：米粉パスタ，簡単サラダ，コンソメスープ，米粉クレープ 午後：食育ゲーム・食育セミナー・食育劇・食育クイズ

いたるまでの過程の大切さを学び，積極的な食育活動への意欲につながったようである。

3．同好会による食育活動

(1) 鈴短クッキング同好会 Tomato の活動

先に紹介したように，鈴短クッキング同好会 Tomato は「To とことん，ma まごころ，to 届けます」をモットーに2007年に発足した。発足時から，地域の放課後児童クラブの児童を対象に調理指導や野菜の大切さをテーマにした食育カルタ作成，配膳指導などの活動に取り組んできた。

発足当時は 5 ～ 6 名であった同好会であるが，現在は30名の意欲のある学生で構成されている。オープンキャンパスや各種イベントにおいて，手作りお菓子の提供をはじめ，本学で開催される各種講座のアシスタントや食育活動にも積極的に参加している。2012年には，鈴鹿市市制70周年と日本・スリランカ国交樹立60周年特別記念事業として開催された「スリランカフェスティバル in 鈴鹿」では，司会やスタッフの食事準備などで活躍した。また，12月には，志摩市観光協会主催の「パエリアコ

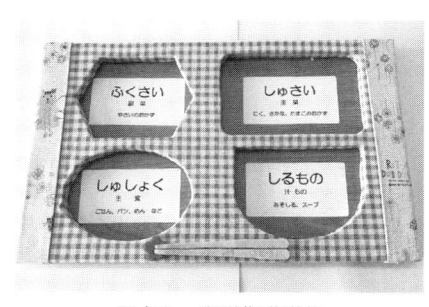

写真5　配膳指導媒体

第 9 章　食物栄養学専攻におけるコミュニケーション能力育成と実践

ンクール in 志摩」に参加，志摩市長賞を受賞した。2013年は，三重県戦略企画部企画課主催「高等教育機関と地域との連携の仕組みづくり推進事業～若者へ「05食の安全・安心」を伝えるしくみづくり～」に参加し，若者層への効果的な情報発信について県職員と一緒に考えている。また，学校給食のランチメニューの共同開発事業にも参加している。これらの経験が社会で活かせるよう，学生たちは日々頑張っている。この夏は野菜栽培にもチャレンジした。卒業後にも，仕事が休みのときには後輩たちの活動のサポートに訪れる。頼もしい先輩たちにいろいろとアドバイスをいただきながら年々増えつつある食育活動に意欲をみせる学生たちである。そして，同好会 OB に，鈴短クッキング同好会 Tomato での活動が社会でどのように役立っているのかを尋ねた。その一部は次のとおりである。

写真6　パエリアコンクール in 志摩 志摩市長賞受賞

○鈴短クッキング同好会 Tomato での活動で役に立っていること
　・誰とでもコミュニケーションがとれる
　・積極的に行動ができるようになった
　・様々なイベントに参加したことにより，栄養に関わる内容に対して，周りの考え方や，どのように話すと相手に上手に伝わりやすいかなど多くのことを学ぶことができ，卒業後も生かされている。
　・地域貢献として，地元のこどもに栄養指導をしている。野菜嫌いなこどもが野菜を食べられるようになった。食育活動で経験したことが生かされている。

（顧問：福永峰子）

(2) スポーツ栄養サポート研究会 Grow up

　スポーツ栄養サポート研究会 Grow up は，将来栄養士を目指している学生の集まりである。社会人サッカーリーグの FC 鈴鹿ランポーレから食事指

169

導の依頼を受けたのを機に，平成24年4月から活動を始めた。6月には選手に対して食事調査，食事提供を行い，7月には食事調査の結果を手渡しし，選手に必要な量の食事提供を行った。その際には，「バランスのとれた食事について」や「水分摂取の大切さ」についてリーフレットを使って栄養教育を行った。また，食生活や習慣についての調査を9月に行い，結果から「サプリメントの上手な使い方」についてリーフレットを作成し，配布した。現在は，2月に選手に対して間食提供を計画し，献立作成やリーフレットの作成など準備を行っている。また，ジュニアサッカー教室のサポートも依頼を受けたことから，3月にはジュニア選手に対しても間食提供と栄養教育を行う予定である。他にも，スポーツ安全協会三重県支部からの交付金を受け，平成24年10月21日(日) 11:00～15:00に「ジュニアのためのスポーツ医科学サポート研修会」を実施した。この事業は，ジュニアサッカー選手に向けて，好き嫌いなく食べることの大切さや運動を続けるためには食事の量や水分補給が重要であることを伝えることを目的として行った。こどもたちだけではなく，保護者の方や指導者にも食事の大切さを伝えたいと思い，三者を対象とした講習会にした。学生は，献立を考えて試作をしたり，リーフレットを作ったりとしっかり準備をしたおかげか，講習会の当日は快晴であった。こどもたち31名，保護者18名，指導者2名，合計51名の参加であった。当日は，鈴鹿ケーブルテレビ，東海農政局から取材を受けた。東海農政局の「とうかい食育推進だより」や「若者世代の食育——食の大切さを伝える活動」として紙面やHPで紹介していただいている。

(顧問：梅原頼子准教授より)

4．食育活動の取り組み例

(1) 内閣府の取り組み

　内閣府食育推進室では，若い世代を対象とした食育活動の推進を図る目的として，他の地域においても参考となる取り組み活動をしているボランティアの表彰を実施している。取り組みを開始し，平成24年度が4回目となる。

第 9 章　食物栄養学専攻におけるコミュニケーション能力育成と実践

平成24年度 3 月31日までに，都道府県，政令指定都市，大学など80の食育推進ボランティア活動事例が推薦されており，11の優秀事例が内閣府特命担当大臣表彰の受賞団体（者）として選考されている。また，推薦された各団体や個人の食育推進の活動状況は事例集として取りまとめられており，若い世代に対する食育推進活動が様々な地域や団体・個人にまで広まるよう活用されている[3]。受賞者として，①W大学の大学プロジェクト，②K大学の食育サークル，③Y大学，④M大学の管理栄養士科学生など 4 大学の活動が表彰されている。それぞれの大学が実施している食育活動を紹介する。

①W大学（農と食と緑の学校プロジェクト）

　大学生自身が，「食に関心の薄い若者」の食意識の向上や，食行動の改善を目指して，1 週間にわたる農林業体験ツアーを企画・実施している。

②K大学（食育サークル シーラボ☆）

　学生食堂におけるメニューの提案や，地域の事業者等と協働して作成する季節ごとの「バランスアップ・メニュー」を県下のスーパー等で無料配布している。

③Y大学（わ食のWAを広げよう）

　幼稚園から大学生，その保護者世代を対象にそれぞれのニーズに応じた食育活動をH市の食育キャラクターの着ぐるみを活用し，幅広く実施している。

④M大学（食と農をキビリ隊）

　「食」に関する専門知識をもつ管理栄養士科の学生と，「農」に関する専門知識をもつJA E市青年部および女性部が農業体験と調理体験を通じ，お互いの専門知識を教え合い結びつける活動を行っている[3]。

（2）他大学の取り組み

　他にも，学園全体として，また各大学のゼミやクラブなどで様々な活動を展開している大学が多く見られる。特に，印象に残った活動例を次に示す。

①T学園S大学

　T学園S大学は，付属幼稚園，小学校，中学校，高等学校，短期大学，大学まで教育を行っている大規模な学園であり，学園全校で「食育」を実施し

ている。活動の目的と趣旨は，建学の精神である「和」に基づき，「自立と自律」する品性を備える豊かな人間性の育成とされている。活動の特徴として，早寝・朝起き・朝ごはんを「食育」と「礼法」に結びつけ，基本的な生活習慣の育成を学園全体で取り組んでいることがあげられている。そして，この活動で大切にしていることとして，活動を教育課程に組み込み，評価を伴いながら，箸の持ち方という基本的な作法の習得から礼儀を大切にする生活規律を確立し維持できる力の育成に成果をあげることとされている。幼稚園児には，偏食の矯正や箸の持ち方を，小・中・高校生には望ましい生活習慣の確立などそれぞれの年代に応じた内容の食育が実施されている[5]。
②F女子大学大学院

F女子大学大学院は，全国に先駆けて平成15年秋に食育ボランティア学生ネットワークを立ち上げ，栄養健康科学科学生のほとんどが登録し，多くの実践活動を行っている。県内保育所・幼稚園，小学校，高齢者施設や「食」関連のイベント等に積極的に参加して「バランスのよい食べ方」，「食品の上手な選び方」の説明を行い，こどもたちには手作りの食育カルタや食育劇，食育クイズ等の遊びを通して「食」の大切さを伝えている。また，教員と大学院生などの研究室スタッフが中心となって，F女子大学食育支援プロジェクトを設立し，多様なニーズに対応できる組織として地域に貢献できるよう活動している。2008年には，大学が近隣の小学校と連携して行った食育実践活動の概要と効果が，地域と連携した食育の推進として小学校における「すこやか食育プロジェクト」～食事バランスガイドを使ったわかりやすい教育と整備～[6]の中で報告されている。

5．今後の課題

すでに述べたように，2006年3月に食育基本法に基づいて食育推進基本計画が策定され，定められた施策に基づきそれぞれの地域の実情に応じて食育推進のためのネットワーク作りが進められ実施されてきた[2]。

その結果，すべての都道府県における食育推進計画の作成・実施，食育の

推進に関わるボランティア数の増加，内臓脂肪症候群（メタボリックシンドローム）を認知している国民の割合の増加，また，家庭，学校，保育所等における食育の進展等，食育は着実に推進されてきていること，しかしながら，生活習慣の乱れからくる糖尿病等の生活習慣病有病者の増加やこどもの朝食欠食，家族とコミュニケーションなしに一人で食事をとる「孤食」が依然として見受けられること，高齢者の栄養摂取不足等，これら食をめぐる様々な課題への対応の必要性はむしろ増えている[4]と内閣府は報告している。

　他大学による食育活動では，T学園S大学が，早寝・朝起き・朝ごはんを「食育」と「礼法」に結びつけ，基本的な生活習慣の育成を学園全体で取り組んでいると報告している。また，K大学（食育サークルシーラボ☆）では，学生食堂におけるメニューの提案や，地域の事業者等と協働して作成する季節ごとの「バランスアップ・メニュー」を県下のスーパー等で無料配布するなど，学園全体，地域との協同で取り組みを行っていることが報告されている。

　本学で取り組んでいる食育活動を振り返ると，現状ではまだ栄養バランスのとれた食事の推奨や正しい箸の持ち方などの作法，クッキングを通してコミュニケーションのとり方や調理技術などを学ぶ企画が中心となっており，知識の伝達でとどまっている。栄養教育で求められることは，単に栄養や食生活に関する知識を与えるだけでなく，食に対する意識や態度の変容をはかり，その結果として，行動の変容，実践につなげていくことが必要である[7]と言われている。今後の課題としては，規則正しい食生活の適否が自分で判断でき，今以上にQOLを高められるよう，自己管理能力が習得されるまでの支援ができるよう継続的に食育活動を実施していくことと考えている。

　また，新たな活動として，学校給食ランチや新野菜メニューを地域と連携し共同開発の取り組みをスタートさせたところである。今後は，さらなる地域との連携，そして学園全体での健康な生活習慣への取り組みを目標とし，本学の特色を活かしながら，活動を展開させていきたいと考えている。

　さらに，内閣府が報告している「食育推進基本計画」の結果に応じ，今後の活動課題として，児童を対象にした食事のマナーや栄養バランス，朝ごは

んを食べるなどの指導だけでなく，中高年や高齢者を対象に，高血圧や糖尿病などの生活習慣病予防対策として適度な運動の必要性を伝えていくこと，特に，高齢者には最大の栄養問題とも言われている PEM（低栄養）に陥ることのないように支援すること，そして，家族みんなで食事をとることの大切さなど，栄養士としての任務を学生に指導していきたい。近い将来，社会で活躍するであろう学生たちに本学で学んだ専門知識やコミュニケーション能力が様々なところで活かされることを期待する。

おわりに

　鈴鹿短期大学が開学し，今年度（2013年）で48年，食物栄養学専攻が設置され47年である。本学では，最も伝統のある専攻といえる。この伝統ある専攻を地域の皆さんに周知していただけるよう，私たち教員はさらに研鑽を積み，学生教育に従事するとともに，地域のニーズに応じた食育活動を通して栄養教育を実施していくことが使命であると考える。

参考文献

1　内閣府，食育推進基本計画，内閣府ホームページ，http://www8.cao.go.jp/syokuiku/（2013年8月23日）
2　山田芳子他，2009，「今，なぜ食育が必要なのか」，山田芳子・久保さつき・川又俊則・寺田喜朗編著『教養教育の新たな学び—現代を生きるストラテジー—』大学教育出版，p.68
3　内閣府の取組，平成24年度「食育ボランティア表彰」について，平成24年度食育推進ボランティア表彰事例集，内閣府ホームページ，http://www8.cao.go.jp/syokuiku/more/hyousyou/kettei_h24.html（2013年9月11日）
4　内閣府，第2次食育推進基本計画，内閣府ホームページ，http://www8.cao.go.jp/syokuiku/（2013年8月23日）
5　幼稚園から大学まで，全学で「食育」！　http://www.mext.go.jp/component/a_menu/education/detail/__icsFiles/（2013年9月17日）
6　早渕仁美，2008，「地域と連携した食育の推進として小学校における「すこやか食育プロジェクト」—食事バランスガイドを使ったわかりやすい教育と整備—」『季刊 栄養教諭』2008夏 第12号，社団法人全国学校栄養士協議会，pp.54-59
7　中原澄男，2009，『栄養教育・指導論』建帛社，pp.7-12

SNSとコミュニケーション

出雲敏彦

　SNS（Social Networking Service）とは，2003年頃アメリカで次々に誕生し，人と人とのつながりを再発見する手段として成長したコミュニティ型のWebサイトのことです。友達や知り合いとのコミュニケーションを円滑にする手段や場を提供し，趣味・居住地域・出身校・「友人の友人」などをキーワードに，そのつながりを通じて新たな人間関係を構築する場を提供する会員制サービスです。

　日本リサーチセンターは全国15～79歳の男女1,200人を対象に訪問留置調査を毎月実施しています。2013年5月は「SNSとコミュニケーション」がテーマでした。コミュニケーション形態は「固定電話による通話」が最も多く，「郵便の手紙・はがき」「携帯・PHSによる通話」と続きました。モバイル系の通話を合算すると固定電話を上回り，新時代の到来を予感させました。

　20代以下は「スマートフォン」，30代「固定電話」「スマートフォン」「携帯・PHS」，40代以上は「固定電話」が主に利用されています。電子メールは30代以下で「スマートフォン」，40代「携帯・PHS」「パソコン」，50代以上は「携帯・PHS」が主流です。SNS利用は「携帯・スマホ」が「パソコン」より多く，前者は可動性の利便性を好まれ，利用率が大きく成長しています。

　WEBサービスの利用（「よく」「時々」）は，「YouTube」が43％で最も多く，「LINE」「価格.com」「Facebook」などは20％以上です。利用目的は，「Facebook」「LINE」は「友人や知人とのコミュニケーション」が74％，92％と最も多く，「Twitter」は「知りたい情報の収集や検索のため」が43％を示しており，WEBサービス内で利用の違いがみられます。

　さて，広辞苑によると，コミュニケーションとは，社会生活を営む人間の間に行われる知覚，感情，思考の伝達を指します。言語や文字その他視覚及び聴覚に訴える各種のものを媒介とするものと定義されます。コミュニケーションの語源はラテン語ですが，英語の動詞であるcommunicateはオクスフォード英英辞典によると，To make common to many, share, impart, divide, という意味です。多くの人に共通のものとすること，分かち合うこと，分けること，ということです。「LINE」で見られるように，コミュニケーションの履歴を残し共通情

報とすることは，分かち合うことになります。

　興味深いのは，日本語での定義は，伝わった先の相手やその相手に伝える行為に焦点があり，ラテン語は伝達先と伝達元双方に焦点がある点です。後者は複数者の間で情報を共有し，分けあう意味が伝わります。そこで，日本語の意味だけではなく，ラテン語の「共有」的見方を大きく視野に入れたコミュニケーション論を考えましょう。「共有すること」の結果として何が生じるのか，また「共有する」ことはどのような形で可能なのか考えてみましょう。

　「共有」の意味を定義すると，「コミュニケーションの送り手が受け手との間で，自分の伝えた意味や意見や立場が伝わったと主観的に認識し，かつ実際に相手にもそう受け止められている」ことでしょう。日本語の「コミュニケーション」では，共有とは，伝わった先の相手に対する「効果」が念頭にあるようです。伝える相手の知識を増やしたり，相手を説得したり，相手に心理的な衝撃を与えたり，相手の行動を変えたりして実現します。

　コミュニケーションは同時に自分に対するものです。あなたが家庭でコミュニケーションするのはなぜでしょうか。家族に好いてもらうためや夫婦円満のためという側面もあるでしょう。同様に，無理に時間を割いてでも親友と会うのはなぜでしょう。好いてもらいたい，聞いてもらいたいという道具的な目的もありますが，むしろコミュニケーションすること自体が目的となっているのではないでしょうか。それは，自己完結型コミュニケーションと呼べるでしょう。感情の共有，経験の共有，一緒にいるという感覚の共有，ともに過ごす時間の共有，そうした共有の場を相手も求めているという感覚は，共有すること自体がもたらす効果に目的があるコミュニケーションによって可能になります。

　こうした中で，自己を発見し，誰と何を共有しているのか，誰と何が一緒にでき，誰と協力していけるのか，そして自分を社会の中でどう位置づけることができるのか，試行錯誤を続けているが，会員制のSNSは局所的コミュニケーションとなっています。

おわりに

　前著『生活コミュニケーション学とは何か』刊行から3年，生活コミュニケーション学研究所（以下，本研究所）の研究員たちは，鈴鹿短期大学に勤務する教員を中心に，専門分野での調査研究とともに，「生活コミュニケーション学」という新しい学際的分野開拓のための議論を重ねてきた。研究所年報『生活コミュニケーション学』も2010年8月の創刊以来，毎年刊行を続け，2014年8月には5号が刊行される予定である。毎年，シンポジウムや研究例会なども開催している。それらの活動を基礎に，今回，新たな論文集を企画したところ，多くの研究員たちが参加し，ここに本書を刊行することとなった。

　前著同様，基礎教養指導及び卒業論文指導において使用することを予定しているが，同時に，多くの読者を得て，「生活コミュニケーション学」をともに考えていくことを願っている。

　ここで，本書に収録された論文について，ごく簡単に紹介したい。

　第Ⅰ部（教育とコミュニケーション）は，教育を論じた論文を4本収録した。第1章は佐治晴夫による「特別講義」形式の論考である。「コミュニケーションとは何だろう？」というタイトルで，大学における教養教育の根幹にあたる内容を論じている。第2章は勝間田明子が，自らの授業実践を踏まえ「方法としての教育原理」という大きなテーマに挑んだ。第3章は川又俊則が，男性養護教諭へのインタビュー調査の結果，保健室において「養護教諭の男女共働」が必要だとの結論を見出した。第4章は，杉原亨と渡辺久孝が，学生たちの質問紙調査と教員たちの取り組みを分析し，キャリア教育のあり方を考察している。また，「保育者」「こども」という2つのテーマでコミュニケーション論じたコラムを収録している。

　第Ⅱ部（生活コミュニケーション学の展開）は，執筆者の専門分野からみ

た「コミュニケーション」の論考5本を収録した。第5章は音楽療法の介護予防効果を研究してきた佐治順子の最新の成果の一つである。第6章は放課後児童クラブで調査を実施した石川拓次の「こどもの健康」に着目した論考である。第7章は「セイロン瓜プロジェクト活動」を続けている久保さつきによる, 現時点までのまとめである。第8章は「スポーツ栄養サポート研究会」を指導する梅原頼子による活動展開と他学の取り組みの考察である。第9章は食物栄養学専攻主任の福永峰子による食育活動を通じたコミュニケーション能力育成の考察である。そして,「学校犬」「養護教諭」「学び」「SNS」というそれぞれの専門的立場からコミュニケーションを論じたコラムを収録した。

　前著でも述べたが, コミュニケーションの入り口の広さと奥深さは, この多様な論文・コラムのタイトルを見るだけでも実感できよう。そして, 生活の様々な場面で, コミュニケーションが必要不可欠であることが, 改めて確認できるのである。

　鈴鹿短期大学が所属している学校法人享栄学園は, 今年度創立100周年を迎えた。そして, 鈴鹿短期大学自身も, いよいよ後2年で創立50周年を迎えようとしている。この長い歴史のなかで, 本研究所自体は, まだ創設されて4年目に過ぎない。だが, 研究・教育活動を進める上で, 本研究所の存在意義は, ますます高まってきている。

　鈴鹿短期大学は2012年に移転し, 現在は, 鈴鹿市郡山町にある鈴鹿国際大学と同じキャンパスで研究・教育活動が展開している。今後, 両大学の教員間で研究等での交流がさらに進み,「生活コミュニケーション学」をより深化させられることを期待したい。

　最後に, 本書刊行にあたり, 前著に引き続きご尽力いただいた株式会社あるむの鈴木忠弘氏, 吉田玲子氏に心より御礼申し上げる。

　　2014年1月

執筆者を代表して
川又俊則・久保さつき

執筆者紹介

監修者

佐治晴夫（1章），鈴鹿短期大学名誉学長，理論物理学
　『14歳のための時間論』（単著：春秋社，2012）
　『THE ANSWERS―すべての答えは宇宙にある！』（単著：マガジンハウス，2013）
　『特別授業"死"について話そう』（共著：河出書房新社，2013）　他多数

編者

川又俊則（3章），鈴鹿短期大学・教授，社会学・社会調査
　『数字にだまされない生活統計』（単著：北樹出版，2013）
　『地域に生きる子どもたち』（共著：創成社，2014）
　「『祈る場所』の可能性―キリスト教主義老人ホームの比較検討を通じて」（『東洋学研究』48号，2011）

久保さつき（7章），鈴鹿短期大学・教授，食品学・栄養教育
　『食品学実験書第2版』（共著：医歯薬出版，2006）
　『生活コミュニケーション学とは何か』（共著：あるむ，2011）
　「三重県の家庭における正月の行事食」（『津市立三重短期大学開学60周年記念誌・記念論文集』，2012）

論文執筆者

勝間田明子（2章），鈴鹿短期大学・助教，社会教育・植民地教育
　『苦境と超越―現代中国教育評論』（朱永新中国教育文集3），（共訳：東方書店，2013）
　「植民地台湾の実業補習教育に関する一考察―農業補習学校における教育実践と民衆生活との関係を中心に」（『日本社会教育学会紀要』44号，2008）

杉原　亨（4章），鈴鹿国際大学・鈴鹿短期大学事務局，鈴鹿国際大学非常勤講師，IR（Institutional Research）・キャリア教育
　「鈴鹿短期大学卒業生調査からの分析と考察―3つの視点より」（『鈴鹿短期大学生活コミュニケーション学研究所年報』4号，2013）
　「就職内定獲得学生のモデル化とコミュニケーション力の比較（試論）」（『日本教育工学会第29回大会講演論文集』，2013）

渡辺久孝（4章），学校法人享栄学園法人事務局長，鈴鹿国際大学・鈴鹿短期大学事務局長，キャリア教育・教育行政
　「『体験』『経験』の意味分析」（『鈴鹿短期大学生活コミュニケーション学研究所年報』3号，2013）

佐治順子（5章），鈴鹿短期大学・教授，音楽療法学・音楽教育
　『ゆらぎと音楽』（共著：メディカル情報サービス，2010）
　「東日本大震災の被災地での音楽療法を考える―宮城県と岩手県沿岸部での実践活動を通して」（『鈴鹿短期大学生活コミュニケーション学研究所年報』3号，2012）

石川拓次（6章），鈴鹿短期大学・助教，健康科学・養護教育
　「放課後児童クラブにおける異年齢交流が低学年児童の体力に及ぼす影響」（『鈴鹿短期大学紀要』33巻，2013）
　「さまざまなスポーツおよび身体活動における骨代謝動態」（『CLINICAL CALCIUM』19巻8号，2009）

梅原頼子（8章），鈴鹿短期大学・准教授，栄養教育・給食管理
　『生活コミュニケーション学とは何か』（共著：あるむ，2011）
　『楽しい手作りパン教室』（共著：大学教育出版，2011）

福永峰子（9章），鈴鹿短期大学・教授，栄養教育・給食管理
　『教養教育の新たな学び―現代を生きるストラテジー』（共著：大学教育出版，2009）
　『楽しい手作りパン教室』（共著：大学教育出版，2011）

コラム執筆者

渋谷郁子，鈴鹿短期大学・助教，発達心理学
　「『不器用』という語の用いられ方―子どもの動作不全を記述する用語としての検討」（『特殊教育学研究』48巻5号，2011）

小島佳子，鈴鹿短期大学・助教，障がい児保育
　「障害児保育の再考」（『保育の友』49巻，2001）

山野栄子，鈴鹿短期大学・特任准教授，乳幼児保育
　『保育実践を支える 人間関係』（共著：福村出版，2009）

松本亜香里，鈴鹿短期大学・助教，音楽・表現あそび
　『新こどもの健康』（共著：三晃書房，2010）

武田潔子，鈴鹿短期大学・特任教授，乳児保育・幼児教育

櫻井秀樹，鈴鹿短期大学・助教，獣医学・免疫学
　『生活コミュニケーション学とは何か』（共著：あるむ，2011）

大野泰子，鈴鹿短期大学・准教授，養護概説・保健室経営と連携

長澤　貴，鈴鹿短期大学・助教，教育学

出雲敏彦，鈴鹿国際大学・鈴鹿短期大学学長，経済統計学

生活コミュニケーション学を学ぶ

2014年3月18日　第1刷発行

監修＝佐治晴夫

編者＝川又俊則・久保さつき

発行＝株式会社あるむ

　〒460-0012 名古屋市中区千代田3-1-12　第三記念橋ビル
　Tel. 052-332-0861　Fax. 052-332-0862
　http://www.arm-p.co.jp　E-mail: arm@a.email.ne.jp

印刷＝松西印刷　　製本＝中部製本

ISBN978-4-86333-080-1　C1037